精神分析臨床家の流儀

松木邦裕
Matsuki Kunihiro

Ψ
金剛出版

はじまりの挨拶

精神分析がもたらすこころについての深い理解や臨床実践での特異な達成には大きな魅力があります。いかに脳機能が科学的に理解されてきたといっても、より精密な仮説の形成過程にあり、こころの発達や病理を真に解明し評価するところにはまだ何ひとつ行き着いていないのは周知の通りです。真摯な科学者ほどこの事実に正直です。どれほど批判されているとしても、またどれほど不満足なものであるとしても、精神分析ほどこころを深く知り、こころに働きかけることに手ごたえが得られる方法はいまだ存在しません。

精神分析は――実際にはまったく異なるのですが――そこに浮かび上がっているものがこころのもつ生々しさであるがゆえに、万能の輝かしい方法であるかのように思えてしまうところもあります。こころは怖ろしいほどに生（なま）なものなのです。

こころの医学や心理学に関心を抱くようになったきっかけが若い時期に何らかの形で精神分析の考えに触れたことであったと、さまざまな機会にこれまで驚くほど多くの人が発言するのを私は耳にしてきました。

そして、そこから精神分析に関心を抱き続ける人もいれば、何か——たとえば臨床での失望の経験、指導者への不満、社会思想での不一致、方法への不適合、実験科学の面白さなど——をきっかけにして精神分析から遠ざかる人もいます。私自身は前者でしたが、後者の人も多いものです。こころへの関心のリトマス紙のような機能が精神分析にはあるようです。精神分析への反応の差異の本質はこころに向けた視座の違いにあると私は思いますが、それはこれからも続くでしょう。

ところで実際の精神分析は、その方法に特有の外的セッティング（治療構造）、臨床家に求められる内的構造（心的在り方）、技法という三つの準備とそのための訓練がなされて初めて実行されうるものです。その厳密さと高い要求水準から、その実践家は限られているのが実情です。しかしながら同時に、さまざまな医療や福祉、教育、臨床の現場や社会場面で精神分析の考えや技法を生かした実践に取り組み、成果をあげている、あるいは成果をあげたいと苦闘している臨床家や援助職の人たちが多くおられます。

精神分析に関心をもち続け、それを自分の現場で生かしていこうとしているそれらの人たちを、〝精神分析臨床家〟と私はある時期から呼び始めました。私は、その言葉のもっとも広い意味を採っています。すなわち、精神分析の理論や技法をこころの臨床に活用しているすべての臨床家を含みます。精神分析家、精神分析的心理療法家、精神分析的精神科医、精神分析的心理臨床家、精神分析的作業療法士、精神分析的ソーシャルワーカー、精神分析を志向する看護師、精神分析を志向する調査官、精神分析を志向する教師等、さまざまな援助職です。

流儀ということばには、そのやり方やそれをおこなう人に特異な何か本質的なものと作法が含まれていると私は思います。本書での私の意図は、私の思う精神分析臨床家の流儀を描き出してみることであり、そうした臨床家の方たちと一緒にその流儀を素朴に省察してみたいということでもあります。

とは言っても実際のところ私は、精神分析的精神科医、精神分析的心理療法家、精神分析家と歩んできたのですから、その経験に基づいた考察をおもに重ねていくことになります。ただ作業療法士、ソーシャルワーカー、看護師、家裁調査官、教師、福祉職といった方たちとはともに働き、あるいはともに学ぶ機会を多く得てきました。それらの経験もここでの考察に含まれています。

補講として著している本書末尾の五篇は、臨床家であるための精神分析の学び方をわたくし流に述べています。流儀を身に付ける方法と言ってよいかもしれません。これらは独立したものとしても読めそうですが、全体の中に置いておくほうが自然な理解が生まれやすいのではないかと思っています。しかし、どこから読むかは、もちろん読む方の自由であり、どの読み方をしようと、そこに臨床に役立つ何かの発見があるかもしれません。そうであるなら、それが正であれ負であれ、私の望むところです。

目次

精神分析臨床家の流儀

第1講 精神分析臨床家とは

精神分析臨床家とは

精神分析臨床家ということばで私が何を意味しているかを、まず述べてみたいと思います。「はじまりの挨拶」にも述べましたように、精神分析臨床家に私は精神分析オリエンティドなあらゆる援助職を含んでいます。それは、言い換えれば、職業の種類の問題ではないということです。それでは何かというと、次のように考えます。

〝精神分析臨床家であること〟とは、こころの事実を見出そうと誠実に努めており、その実現に精神分析の方法を使用する人たちのことです。

この定義の前者「こころの事実を見出そうと誠実に努めている」は、どの職種であっても保持されることです。つまりこの定義の必要条件です。一方、後者「その実現に精神分析の方法を使用する」は、職種によってその使用の仕方は異なるものです。ですから、十分条件と言えましょう。

ここで、精神分析の方法とは何を指しているのかを明らかにする必要がありますが、それは次回に譲って、定義の前者にかかわることで、この機会に触れておきたいことがあります。それは、たとえ精神分析家や精神分析的心理療法家の資格を持っている人であっても、その人が必ずしも精神分析臨床家とはかぎらないことです。

精神分析臨床家でない精神分析家

私は最近オーウェン・レニックという精神分析家の「セラピストと患者のための実践的精神分析入門」(Renic, 2006)を読みました。本の表題からも明らかなように、セラピスト、この場合はサイコセラピスト(日本的に言えば、概略、精神分析的オリエンテーションをもった心理療法士や精神科医)を指していると思いますが、セラピストとその患者に精神分析療法を説いたものです。しかし、私はこの本を読みながら、これは精神分析ではない、すなわちこのレニックという人は精神分析臨床家ではないと思いました。

その理由は次のことからです。

修正感情体験

レニックは精神分析での治療作用は「修正感情体験」にあるとしています。そこから彼は精神分析療法を考えています。この「修正感情体験」という概念自体は、シカゴ精神分析研究所を設立し、「心身医学」の発展に貢献したフランツ・アレキサンダー（Alexander, 1946）が提示したもので、今日でも精神分析の世界の一部で根強く支持されている、治療作用についての考えです。そしてレニックもそのひとりです。

それでは修正感情体験とはどのようなものなのでしょうか。『精神分析事典』（二〇〇二）での岩崎徹也先生の記述をみてみましょう。（以下、「　」は引用）

「患者が幼少時に親との間で体験したことの影響を、医師－患者関係の中で新たな形で体験し直させることを介して、修正しようとするものである」、「アレキサンダーはそのような体験を生じやすくするために、それに適した雰囲気を作り出すべく治療者が意図的に努力することを勧めている。たとえば、患者が厳格で怖い親のイメージを転移してきた場合に、治療者はその転移像とは反対の優しく、許容的な態度を積極的に示すことによって、神経症的な親の脅威を修正することができるという」「つまり、新しい情緒体験をし、幼少時からの古い体験との相違を認識することによって、それまでの病的なパターンを修正することを目指すものであり、認識的な再教育の側面を含んでいる」。

要領よくまとめられているので、「修正感情体験」がどのようなものかよくわかられると思います。ただ事典という字数制限の甚だしいところでの記述ですので、さらに解説を付け加えることも許されるでしょう。

まず前提にあるのは、こころを病むその患者が悪い親像との負の体験を抱えていることです。それは親からの攻撃、愛情剥奪、支配、悪意等であり、おそらくそれらが患者の空想というより過去の現実体験であることが含意されています。そこでこの前提から治療者は、過去の悪い親像と対照的なよい親としての治療者——愛情豊かで細やかにこころを配り、共感豊かで許容力、受容力に富んだ姿——を積極的に提供します。その結果、患者は治療者との間でよい体験をし、そのよい体験を基盤にして、悪い体験に基づいた病的なパターンを認識し、それから解き放たれる、というものです。

これは心理療法の作用についての適切な考え方ではないかと思われる方もおられるでしょう。実際、「再療育療法」、「育て直し療法」なるものがときどき、かつ繰り返し世の中をにぎわせますが、これが修正感情体験を極端な形にしたものであることはおわかりでしょう。悪い親がその患者を育て損なっていたので、治療者がよい親となって育て直しましょうという、あまりに純粋、はっきり言えば、単純すぎる発想です。ここにも、治療者の自己愛的万能感があります。主観的「正義」への固執があります。

ここでの問題の一つは、心理療法開始時点で治療者の中ですでに、「悪い親がこの患者をこのようにした」という既成概念が強力な前提にされており、それからの治療過程でなされるべきその患者の実際の事実の探究が、どこか早い時点でないがしろにされる可能性がとても大きいことです。また、探究がいくらかなされたとき、そこまでに得られた言明でこの前提理論が治療者に納得されるなら、修正感情〝対応〟が導入されるでしょう。そこで面接は精神分析ではなくなり、言わば、精神分析的再養育療法になるでしょう。もっとも私は、精神分析的と付けたいとは思いません。

さらに前述したように、この考えの前提には、親が現実に悪かったのだという視点が入っているように私には思われます。つまり、そのパーソナリティ形成への患者の空想の寄与は軽視されているか、否定されているように感じられます。すでに初めから現実か空想かの二者択一がなされているようなのです。ですから、そもそも患者の心的事実の探究は気乗りされないものになるでしょう。

心的事実と外的事実

私が思うに精神分析の発見の大きなものの一つは、外界現実とは、心的現実がどうなのかが認識されて初めて、それとして認識されるのであって、あらかじめこれは外界現実であって、それは心的事実であると区別できるものではないことです。ゆえに（治療構造を含めた）精神分析の方法による事実の探究が重要なのです。

私たちには外界現実がはっきりわかっていると思うのは、驕《おご》りなのです。それ自体が自己愛的万能空想なのです。私たちが外界に見ているものは、そう見たいものなのです。〝幽霊の正体見たり、枯れ尾花〟という句があるように、人は見たい空想を外界に見るのです。それを精神分析は、フロイトは教えました。

あるアナライザンドは、私の精神分析室にほぼ二年通い続けたある日、入室すると立ち止まり、壁に架かっている絵を指して、「この絵、いつからありましたか」と私に尋ねました。それはそれまで、彼／彼女には外界に存在していなかったのです。

心的外傷

このテーマは必然的に、「心的外傷」という概念とつながっていきます。

患者の訴えが小児期の親的人物による「外傷」という現実の体験によるものなのか、それとも「外傷」を受けたという空想によるものなのか、どちらか、あるいは両者の割合がどの程度なのかは、どれだけ追求しても、心理療法の中では誰にもわかりません。わかるのは治療の初めにおいて、その患者（ときには、治療者）が親的人物から心的外傷を受けた結果に今の自分の苦痛があると主観的に感じていることです。そしてその治療の終わりに、その患者自身が、どこまでが外的事実で、どこからが心的事実（空想）であったと結論するのを聴くことなのです。また私たち自身も、両者の事実について、（仮のものとしてですが）私たちなりの結論をもちます。それだけなのです。

初めから外傷ありきと結論づけてしまうとするのなら、それは何なのでしょうか。それには治療者自身の悪い体験の患者の体験への投影がまずもって含まれているのでしょう。これもやはり、治療者の万能空想です。

外傷という考え方には、外傷を与える悪い親が現実にいた、という前提があります。そうです。修正感情体験と似ています。同じ思考過程での、外傷は原因論であり、修正感情体験は治療作業仮説という位置づけがちがうところです。

もう一つ、精神分析が教えてくれている大切なことがあります。それは、他者が悪いと他罰的だけで、自分の問題を見ないところでは、その人はいかようにも変われないということです。外界現実における責任をすべて他者に負わせてしまうなら、それによって外界現実において自分自身で担うことが怠慢されてしまい、こころの成熟に認められるバランスは達成できません。そしてそれと同時に、他者の責務まで抱え込む形で自責だけに陥っているときもまた、他者の現実が見えないままになっています。つまり自分のこととしてばかり見ていることも外界現実が見えていないとのことです。

実際の臨床でよく体験されるのは、「自分は外傷を受けた」と声高に主張する人は、前者の傾向を示すことが多く、外傷に圧倒されている人は、すべてを自分の問題としての自責に陥りやすいようであるとのことです。

それにしても「外傷」という用語は、外科領域から借りてきた視覚イメージを著しく強化する概念です。外傷ということばによって、こころの傷という事実を目の当たりにしている気になりやすいのです。当たり前のことながら、こころは見えません。いわば、ある楽曲のタイトルのようなものであって、曲そのものではありません。私たちは楽曲そのものにかかわるのです。

ふたたび、修正感情体験へ

ここでふたたび修正感情体験の問題に戻りましょう。パトリック・ケースメントは一連の著作である『から学ぶ』シリーズ（Casement, 1985, 2002, 2006）において修正感情体験の問題点を繰り返し指摘しています。私にはまったく賛同できるものです。

それは、治療者によるよい体験の供給は古い悪い体験の回避になるとのことです。人が生きていくに大切なことは、よい体験をして、それをとり入れることであると同時に、悪い体験をそれとして生き抜くことです。悪い体験をどのように生き抜いていくか。それは人生の重大な課題です。それは精神分析では、喪の哀悼の作業（mourning work）と呼ばれています。この両方の体験があって私たちは、人生をふつうに生きていくのです。よいもののとり入れだけでは躁的あるいは、倒錯的になります。悪い体験を生き抜くだけでは、マゾキスティックになりそうです。

よい体験が供給されることで、内的な悪い体験にふたが強力に被されてしまうなら、それは人生の半分に触れず、片側だけに目を向け生きていくことになります。またそれからの人生でそのふたが外れたらどうなるでしょう。

悪い体験によいふたをするのではなく、それを苦痛ながらも避けずに見ていくことは、その悪い体験の事実、つまり外的事実と心的事実を知るという作業をすることです。それは、悪い体験で失ったもの、得られなかったものを哀悼するとともに、そこに含まれていた空想についての理解をもたらし、その悪い体験を不必要に怖れながら人生を生きることから解放してくれます。

このこころの作業こそが、精神分析で臨床家がともに歩んでいく大切なものでしょう。それは両者にとって、暗くてひどくつらいものです。しかしそれがなし遂げられたとき、暗闇に小さな、しかし確実な灯かりが見えるのです。その一つは、よい体験をよい体験として理想化せず受容れ、よいものをとり入れる力が高まることなのです。

そして、その人は、たとえ精神分析を今受けているとしても、それまでの人生、あるいは今もさまざまな人と直接間接に出会い、さまざまな体験をしています。そのさまざまな体験でなかなか手に入らないものは、よい体験を新たに得ることよりも、悪い体験に最後まで同伴してもらい続けるということなのです。がしかし、ご存じのように「何もよい体験なんてなかった」と吐き捨てる人がいます。でも、そこにはさまざまな理由はありますが、その人がよい体験をそれとして認められず、拒絶したり回避していることがそのほとんどなのです。そこでは無意識の空想が現実を覆っていることはおわかりでしょう。

再度述べると、治療者が修正感情体験にとらわれるとき、この悪い体験への同伴が置き去りにされるのです。

ここでまとめた表現をしますと、修正感情体験は、詰まるところ、治療者の意図した〝正しい〟変形を患者のこころにもたらそうとする能動技法なのです。〝知ること〟ではなく、（治療者にとって）「望ましい方向に」〝変わること〟が優先されます。

レニックの問題へふたたび

なぜ私が精神分析臨床家ではないと言ったかをここに整理してみましょう。「　」は引用です。たとえばレニックは、彼の実践的な精神分析は「患者のこころがどのように動いているかに関する理解を高めることによって、毎日の生活のストレスが減り、より多くの満足を得ていると患者が感じるように手助けすることを目指す治療である」。「治療に取りかかるには、症状と症状軽減に関する合意が必要である」。「症状軽減はつねに分析作業の成功を評価する最適の成果基準」であり、「治療過程の一つの側面は、患者と分析家が共同して行う、系統だった調査である」。「患者が分析治療から獲得する治療利益は、その治療の過程を学んだことの成果である」。そして「治療利益を生み出す多くの理論は、患者と分析家の相互作用を通して生じてくる」と言い、ここに修正感情体験を出してきます。さらに「どうやってそこにたどり着くのかを前もって正確に知ることができない」「特有な修正感情体験が」「治療を成功させたいなら」「なくてはならない」と言います。

これを整理するなら、症状や症状軽減を両者が意識的に合意して目指し、治療過程で両者がその成果(「苦痛を軽減し、より多くの満足が得られるように患者の特有な行動や態度の形を変え、現実の構成を変える」)を確認することです。ここまでは、認知療法を思わせます。おそらくそれで彼の言う治療利益があればそれでよいのでしょう。

しかし治療者もよくわからないままに特有な修正感情体験が働いて、治療は成功すると言っているようです。つまり後半は、前半の認知療法的な方法が行き詰まったときには、（なぜなら、修正感情体験が働くと言っていますから）より多くの満足が得られることを目指す陽性の関係にあろうとする、患者に意図されたよい治療者として対応していき続けることが治療を成功させるということになるのでしょうか。

ここまで見てみるとおわかりになると思いますが、彼の言う実践とは、あくまで現実生活での実際的な実利の追求なのです。いや確かに、それはそれで結構なのです。ただ、それは精神分析である必要はどこにもないのです。それは認知療法でもよいし、簡易療法でもよいし、折衷的なサイコセラピーやソーシャル・ワークでもよいのではないでしょうか。むしろそっちの方がよいのかもしれません。

どうして長い期間や多くのセッションを要する精神分析である必要があるのでしょうか。おそらく、ないのでしょう。ですから、彼は一回の面接で「成功した」と言うのです。

私にはレニックの言うことに賛同できる部分があります。それは、分析の過程には、彼の言う「盲目飛行」のときがあることです。治療者はそれにもちこたえている必要があります。しかしそれは、無意識の内に修正感情体験を実践していることではありません。そのとき私たちは転移にからめとられていて、転移の中を生きています。ですから今何が起こっているのかというその事実を理解しようとすることに努め続けます。そしてその転移を、陰性と陽性の両面から解釈していくという作業をするのです。その患者のパーソナリティそのものが面接室の中に展開されている無意識の空想を意識化する作業です。そうしながらも、転移と、治療者のなす解釈とその解釈行為は織り成しながら、分析過程を独自の生きたものとして進展させます。この過程に浮かび上がってくる事実に、患者が体験的に気づく機会を共有するために多くの回数と長い時をかけているのです。

そうです。精神分析と（多くの場合の精神分析的心理療法を含む）他の治療のちがいはここにあります。つまり、他の治療においては、治療者の仮説や操作技法の範囲内で治療は展開していきます。しかし精神分析ではその過程が、治療者と患者の仮説や意識的な操作を超えたところに進展していくのです。それが必然的に内包する不安に耐えられない治療者は、治療過程を手元に置いておきたくなります、もしくは理論にしがみつきたくなります、ちょうどレニックのように。でも、それによってそれは、精神分析ではなくなるのです。

それをしないで、この過程でのわからないことにもちこたえながら、今ここにある事実を見出すことを試み続けることが、精神分析臨床家であるのです。そして、このわからないことの苦痛と不安に治療者も患者ももちこたえていき続けると、あるとき、患者は新しい自分自身に出会います。私との分析が終わろうとしているとき、頻繁に自殺行為を繰り返したあるクライエントは「生きていてよかった。病気になる前より、よくなった」と語りました。

精神分析臨床家とは

最後にもう一度述べましょう。

精神分析とは、何もわからないところにそのクライエントにとっての事実を見出そうと努め続けるものであり、そのように努める人が精神分析臨床家なのです。

ビオンは語りました：「分析の理論は、おおよそ（最初の）三つのセッションについてはとても有用です。あなたは患者について何も知りませんから。それゆえ、理論に頼る必要があります。その後には、答えはカウチの上か椅子の中にありますし、そして、あなたが見たり聞いたりできることの中にあります」（Bion, 1987）。

第2講

精神分析という方法　その1
——設定を一定に保ち続けること

はじめに

前講に〝精神分析臨床家であること〟とは、こころの事実を見出そうと誠実に努めており、その実現に精神分析の方法を使用する人たちであることを述べました。

ここでは、精神分析臨床家に不可欠な精神分析という方法について述べてみましょう。周知のように精神分析の方法は、独自の精神分析設定が保持されることと、そこで使われる技法によって成立します。それが目指すのは、精神分析過程を維持し進展させることです。そこに精神分析的対象、すなわちアナライザンドのパーソナリティの真実、こころの事実が浮かび上がってくるのです。

もちろん、それがもっとも厳密に維持されているのは精神分析療法です。精神分析的心理療法、精神分析を志向するカウンセリングとなっていくほどに厳密さは薄らいでいきます。後者になるほど、事実の把握よりも指示、保証や実際的な適応の援助という面が大きくなるでしょう。しかしながら精神分析臨床家であろうとし続けるのなら、それらの場でもその本質は保持されうるでしょう。

精神分析設定の保持

〝精神分析設定の保持〟という表現で私は何を言っているのでしょうか。私は分析臨床実践の間、私たち臨床家が形成する精神分析の枠組みを一定に保ち続けることを言っています。その枠組みは、部屋やカウチ、椅子等の外界での分析構造の設定というハード部分と面接時間、料金等の契約事という外的設定と、その場に臨む分析臨床家としての私たち自身のこころのあり方にかかわる内的設定に分けることができます。

どんな場においても、ふたりの人間が出会い始めた以上、そこに何かが起こってきます。もちろん精神分析的出会いも同様です。ただ分析的出会いに特異であり必須なことは、起こってきているその何かこそが私たちのターゲットであり、その何かを見定めるのが私たちの役割であり、それをアナライザンドが自分にかかわる事実、真実を見出すのに活用できるように提示することが求められていることです。私たちは専門家としてそれを全うしようとします。この達成に必要な方法が、精神分析的設定の保持なのです。

その理由についての一つの考え方を示しましょう。これは古典的ながら今日にも通用する、方法論についての基本的な視点であると私は考えています。ややもすると万能感や人間らしさ、人間性という便利なことばで処理したくなる対人援助職にいる私たちの無意識の願望充足的発想、たとえば、不幸から救い出したい、よい体験をさせたい、よい臨床家と思われたい、早く治したい等々を戒めるものでもあるようです。

それは、私たちが事実の把握をより確実なものとするためには、かかわる要素のうち、定数をできるだけ増やす一方、混乱や不確かさをもたらす変数はできるだけ少なくするという客観的な考え方です。周知のように、これは科学実験や数式解読では基本となる考え方です。

私たちの精神分析場面を考えてみましょう。そこには外的設定、両者間の契約事、治療者の内的設定、治療者のパーソナリティからのもの、アナライザンドのパーソナリティからのものという変数になりうる要素があります。そこで、たとえば、治療者の作る外的設定、契約事がさまざまに変わるとき、それを［外的設定の］変数x、［契約事の］変数yと置くことにします。また治療者の内的設定もさまざまに変わるなら、それは［内的設定の］変数zです。ここにアナライザンドがいまだ特定されていないパーソナリティからのもの、つまり自分の考えや感情、ふるまい等を持ち込むとき、それらを変数a、b、cとそれぞれするなら、その精神分析過程には、x、y、z、a、b、cというふたりの持ち込む多くの変数が存在し、それらの刺激と反応がもつれあいます［(x＋y＋z）×（a＋b＋c)］。しかしこのとき治療者側の（x＋y＋z）が定数になるなら、変数はアナライザンド側の（a＋b＋c）のみとなり、もつれあいも解消し、患者の変数が鮮明に浮かび上がります。どちらが変数を容易に解明しやすいのかは明白です。こうして治療者は、患者の変数の解明に集中できるでしょう。

例をあげてみましょう。ある研究会でのことです。週に一回の定期的な面接設定での中学生女子のケースを提示した女性治療者は、対話に限局せず、その面接室にさまざまな交流方法を持ち込みました（治療者の［外的設定の］変数x）。また面接開始時間は管理医の都合でたびたび変わりました（治療者の［契約時の］変数y）。女の子は言語でのやりとり（変数h）をしながら、治療者の持ち込んだ方法である箱庭作り（変数i）、スクイグル描き（変数j）、風景構成絵画描き（変数k）等、それぞれに対応しました。そこには彼女のさまざまな考えや感情、ふるまい（変数a、b、c）が現れました。また治療者は重要と思えたセッションでは面接時間を延長しました（治療者の変数y'）。そして複数の交流方法が持ち込まれた当然の帰結として、治療者自身、話すだけではなく、描く、動くと行為を広げました（治療者のパーソナリティからの変数q）。

それらの面接セッションを重ねた結果、数カ月後その子のさまざまな神経症症状は消え、彼女はよい適応を取り戻しました。そこで治療者の判断に基づいてその治療は終わりました。こうして臨床的に好ましい結果は出ました。ただ、クライエントも治療者も治療で何がなされたのか、そのクライエントに何が起こっていたのかは見えないままでした。このように――（a＋b＋c）×（h＋i＋j＋k）×（x＋y＋y'）×q――変数が多くそれが錯綜していてはわからないのも無理はありません。あるいはわかった気になったとしても、それはあまりに不確実なものです。

おそらく、この治療はその子のこころの栄養になったのでしょう。しかしこの子自身が内面に積み重ねるに値する、これからの人生を歩む過程での何かを把握したとは思えません。ここでは治療者の方法がこころの変容を達成したのではなく、前章で述べた治療者との修正感情体験、よい母親から愛情を供給されたところの子が体験したと私は思います。もちろん、それでよいのです。この治療者が精神分析臨床家ではないのなら。ただ私に不思議なことは、この提示が分析的な方向づけがはっきりしている研究会で出され、治療者自身も何がなされたのかを知りたいようであったことです。

続いてもう一つの理由を示しましょう。これは考え方というよりも、精神分析臨床における事実といった方がよいものです。

外的設定を一定にした精神分析過程が維持されていると、そこに精神分析過程の自動的な進展が起こります。ふたりの人間が出会い始めたところでの何か、とりわけ無意識の何かがふたりの意識的な思考を越えて、あたかも自動性を獲得したかのように、それ独自の道筋を一途に進んでいるかのように進展していくのです。ところで、その何かにはふたりからのものが結合されています。

ですからそこで治療者の内的設定を一定にして、進展している何かのうちのアナライザンド側のものが析出される必要があります。その析出されるものは、精神分析では一般にアナライザンドの〝転移〟と呼ばれています。この転移に、アナライザンドの心的事実／内的現実が現在に生きているものとして明瞭な形をとってきます。事実が生きているというのはナンセンスな表現だと思われる方もいましょうが、それこそが精神分析体験で実感されるものであり、その経験のない人にはわからないままのものなのです。こうして私たちは、転移、生きている事実を、実践的にはもっとも汚染されない形で体験し見る機会を得るのです。この生きている事実を体験しながら観察し解明するという仕事を、私たちは為しとげるのです。

　これは、精神分析療法にもっとも特異的で意義の大きいものであり、精神分析的心理療法でも意義のあるものですが、頻度や回数の少ない面接ではその実動力は不鮮明でありがちです。

　さらにもう一つの理由を述べましょう。精神分析で臨床家にもっとも求められることは、アナライザンドの無意識の感知です。それは本質的には、アナライザンドの無意識、前意識を私たちの無意識、前意識において感知する作業です。つまり私たちは意識的な作業にとらわれすぎず、アナライザンドや自分の無意識的なこころとコミュニケートするこころを準備をしておくことになります。

　そのこころの姿勢をビオンはもの想い reverie と名づけました。焦点を当てない傾聴、自由に漂う注意、無注意の注意で「記憶なく、欲望なく、理解なく」聴き、感じること、考えることを含めて自由にもの想いすることです。私たちがこの役割機能を果たすには、外界の刺激に反応する意識的なこころの活動が最小限に抑えられる設定が必要なのです。外的設定のさまざまな変更は外的な刺激を多量にもたらし、それが私たちのこころの意識的な活動を活発にし、無意識的なこころは格段にその感受性と機能をそがれます。そして外的設定が一定であるときに私たちの内的設定も一定であるなら、私たちはアナライザンドのパーソナリティによる内的設定の揺れや揺さぶりに敏感になりますから、その微細な動きの感受から、アナライザンドと私たち自身の無意識前意識的なこころの活動を感知する機会を豊かに手に入れるのです。このように精神分析臨床家の無意識的なこころの活動と感知は、枠組みが恒常的で一定であるとき、もっとも達成されるのです。

精神分析的設定の実際

ところで保持すべき精神分析的設定とは実際には私がどんなことを言っているのかを説明しておく必要があるでしょう。本章は精神分析療法のハウトゥを述べるものではありませんので、精神分析療法の場合を簡略に述べてみます。すでに述べたようにそれは、外的設定と内的設定に分けられます。

外的設定

外的な設定には、以下のものがあります。

・精神分析セッションのための侵襲のない、プライバシーが保護される特定の閉鎖空間（同じ静かな個室）
・その内側に置かれている臨床家のための椅子とアナライザンドのためのカウチと椅子。最小限の備品と刺激過剰でなく変化しない内装
・取り決められていて定期的恒常的に提供される面接時間（決まった曜日と時間に持たれる、週に四回以上の頻度の五〇分間の分析セッション）
・あらかじめ取り決められた料金や休み等の約束事
・お互いの責任に関する契約
・臨床家の外見と（語り口を含めた）ふるまい

アナライザンドは予定された時間に精神分析室にやってきて、設定された部屋の中でカウチに横たわるか椅子に座り、自由連想法というこころに浮かぶままに語っていくことを行います。それに応じて椅子に座った臨床家は、内的設定と精神分析の技法で対応します。この技法については次章で触れましょう。面接時間が終わると臨床家は終わりを告げ、アナライザンドは退出します。

取り決められたこの外的な設定の枠組みは、できる限り治療者側による一方的な変更なく維持されることが重要です。精神分析臨床家は、約束している分析時間を安易に休みにしたり変更したりするべきではありません。また精神分析の始まりの時間を早くしたり遅くしたり、あるいは面接時間を恣意的に短縮したり延長したりすべきでもありません。

その理由はすでに述べたわけですが、分析過程が進展していくならアナライザンドは無意識の空想や思考を意識的にことばにするだけではなく、行為としても表現するようになっていきます。その行為を私たちがもっとも明瞭に読み取れるのは、既成の設定の枠組みが破られたときなのです。アナライザンドの遅刻、早い退出、面接のキャンセル、面接時間の変更要求、料金の持参忘れ、何かの持込等が何に反応し、何を意味しているのか、アナライザンドのこころの事実を知りうる重要な機会を提供します。

このことが起こったとき臨床家が外的設定を守っているなら、それはアナライザンド自身の内的状況の反映として、より純粋に検討できるでしょう。しかし治療者が遅刻したり休んだりしているのなら、事態は一挙に複雑化します。そうした治療者の行為がどんな影響を及ぼしているのかを検討しなければなりません。

そこにはその治療者がなぜ遅刻や休んだりするのかというパーソナルな問題、病理的逆転移も絡みます。これらの問題それぞれはそれ自体の重要性を持つとしても、ここで生じる複雑化には精神分析の目的にとって何のメリットもありません。それどころか、私たちに果たされているアナライザンドの事実を知るという、一刻一刻に担うべき役割を果たせなくしてしまいます。

もう一つ重要なこととして、外的設定の枠組みについての契約を守ろうと努めるこの態度に、臨床家の誠実さがもっとも明確に反映されるからです。

開始時間に遅れたり、変更を繰り返したり、臨時の休みをたびたび提示している治療者は誠実とは言えないでしょう。根本的に精神分析臨床家としてのあり方を見直すべきです。そこには治療者自身が、援助や福利を提供しているという驕《おご》りや万能感、優越感や支配感に無自覚に溺れている可能性があります。

ところで外的枠組みには、治療者の外見やふるまいも入ります。分析面接の場は、アナライザンド／クライエントのパーソナルな秘められた内なる想いに目を向ける場です。それにふさわしい治療者の誠意や良識が感じられる服装、装飾、化粧、身のこなしが求められます。主役はアナライザンドであり、間違っても治療者の個性を誇示する場にしてはなりません。面接の場で（意識的にも無意識的にも）その治療者が自分を見せようとしているのなら、それほどにその人は不幸なのです。みずからに治療が必要です。

内的設定

内的設定とは、精神分析臨床家としての基本的なこころの態度を指しています。すなわち、受身、中立、隠れ身（匿名性）、分別、禁欲を保つというこころの態度です。これは、非難や批判、軽蔑、支配、誘惑、搾取をしようとしない治療者の態度なのです。これらは、面接室での主役はあくまでアナライザンド／クライエントであり、その彼／彼女の事実を知るというアナライザンドの利益を堅持する誠実な心的態度なのです。彼らに私たちが専門家としてかかわることを何より優先するための心的姿勢です。

臨床家側から不要な刺激を能動的に持ち込まない節度ある中立的な態度によって、彼／彼女がこころの奥底にしまい込んでいたものさえ、自由に表わす機会を提供するのです。さらにアナライザンドがみずからの持つ重要な内的対象——それは往々にして、拒絶的だったり批判的だったり誘惑的だったり支配的だったりしますが——を自由に投影するのに臨床家を最大限に使えるようにするための臨床家による準備でもあります。

自己開示をしないこと

言い換えるなら、精神分析臨床家がなすべき精神分析の方法の特徴の一つは、面接者が可能なかぎり自己開示しないことにあります。それによって臨床家は、アナライザンド／患者の自分自身のこころを見つめる作業を妨げないようにするのです。当然ながら精神分析臨床は専門家としての援助をおこなうことであって、温かな人間らしさで日常的に交歓することではもちろんありません。

前述した外的設定も内的設定もすべて、面接室においてアナライザンドが自分自身を（彼／彼女自身と臨床家に向けて）開示しやすくし、他方、臨床家は自己を開示しないことを目指しています。アナライザンドが彼／彼女自身を開示していくのは、自分を知っていくためですが、両者のこの対照は何なのかと思われるかもしれません。

一つの視点を示すと、治療者の自己開示は、アナライザンドがみずからを知る精神分析の場の汚染であることです。

なぜアナライザンドは治療者の意見や指示や保証を求めてくるのでしょうか。この求める行為それ自体が、すでにその治療者に一つの内的対象を投影していることです。ですから、もし治療者が指示や保証を与えたり意見を述べるなら、それはその投影に乗ることになります。つまり治療者が逆－同一化することになってしまいます。治療者のエナクトメントです。そうではなく、ここで治療者がおこなうべき大切なことは、アナライザンドがある対象を治療者に投影しているということにふたりで目を向けることです。それがアナライザンドのこころの事実を知ることなのですから。

また、なぜアナライザンドは治療者がみずからについて語ることを求めてくるのでしょうか。彼／彼女の一つの言い分に、対等でない、平等でないというのがあります。「私は何でも話しているのに、先生は自分のことは何も言わない」と言います。それは当たり前のことです。そもそも彼／彼女が何かのニーズを抱えて訪れてきたのですから、援助を必要している人と援助する人が対等なはずがありません。幼児と母親の関係を思い浮かべるなら、それは明瞭です。

しかしそうであるにしても、なぜあるときから彼／彼女はそのように対等や平等にこだわり始めたのでしょうか。そうです。それは転移によるものなのです。つまりこの不満はそもそも父親か母親という親対象に向けた〝対等でない〟、〝平等でない〟という乳幼児性の不満なのです。あるいは、アナライザンドが自分を知ることの苦しさに直面し、防衛的に目をそらしたいし、直面を強いていると感じられる分析家を非難したいのです。そこでこのときアナライザンドの求めに応じて、もしくは気迫に押されて分析家が（同じ人間らしく）自己開示するなら、転移の自然な発現を汚染してしまいます。あるいはアナライザンドの乳幼児的万能空想を実現しようとする原始的な行為に加担することで、彼／彼女本来の自己を見つめる作業を妨げてしまいます。

しかしながらこのとき治療者が〝いい人でありたい〟、〝役に立っていると思われたい〟、〝好かれたい〟という（これもまた、乳幼児的な）逆転移性の欲望に押し流されてしまうなら、あるいはアナライザンドの敵意や憎しみを臨床家個人への攻撃ととらえて怯えてしまうなら、自己開示する自分を正当化します。こうしてその面接は精神分析ではなくなり、周囲から疎外された善良なふたりの退避的な集いになるのです。

もう少し、述べてみましょう。分析家が外的、内的設定を一定にし続けて面接を続けている過程で、アナライザンドがこの設定の枠組みを壊す行動を強力に実行することが起こることがあります。たとえば、面接の無断欠席や遅刻、終わろうとしない、あるいは前述した自己開示や好意の切迫した要求です。すなわち臨床家から変数を引き出そうとする強力な力がアナライザンドから持ち込まれています。

これは何でしょうか。そうです。転移が生に実演されていることなのです。そして私たちにもアナライザンドの内界のドラマにあらかじめ設定されている役割(用語でいうなら、サンドラー[Sandler, J.]の言う〝役割対応〟、グリンバーグ[Grinberg, L.]の言う〝投影-逆-同一化〟です)で共演するようにと強力に働きかけてきているのです。ですから、切迫したここにこそ、考えることが私たちによって持ち込まれなければなりません。

すでに自己開示をしていること

ところで私の見解に対して次の反論が臨床家から出てくると思っています。「何を言っている。私たちは自己開示をすでにしているのだ。だから、自己開示にこだわるのはおかしい」、と。

私たちが自己開示をすでにしているというのは、まったくその通りに思います。そもそも私たちがこの仕事をしていること自体が、私たちがこころにこだわっているという一つの自己開示です。また私たちの性別、体形・容貌、髪形・化粧、服装・装飾、身のこなし方、話し方、感情の表わし方、空気の醸し出し方は、それ自体が明瞭な自己開示であることを忘れてはなりません。それは、私たちが何を好むどんな人間かをはっきり伝えています。たとえば、「鈴木」という名前の眉濃く目鼻立ちがはっきりとしていて、中背でやや太った中年男性が、眼を奪う鮮やかな色と柄のネクタイを締めて伏目がちに治療者として目の前に立ったなら、一目見たときクライエントは、その治療者について一挙にたくさんのことを知るでしょう。そしてさらにそこから、治療者のものの考え方の傾向や嗜好を推量するでしょう。

これは精神分析という方法が、物理実験や化学解析のように変数をほとんど一つに抑え込むほどの科学的方法ではないことを明瞭に示しています。ですから分析セッションにおいてアナライザンドは、これらの開示された私たちの何かを手がかりにして、早々に転移を発展させることが起こります。

実際かつてフロイトがドラとの間で大いに困惑したこの事態への対処法は、私たちの訓練に今日組み込まれています。それは、私たち自身の分析体験である個人分析です。私たちの個人分析体験は、私たちがどんな人間なのかを私たち自身がより客観的に把握する機会なのです。開示してしまっている自分はどんな自分なのかを知っておく場面なのです。その分析経験から学んだことを通して私たちは、私たちの何がアナライザンドの転移反応をかきたてているのかを知っていることで混乱を防ぐようにしています。無意識に置かれたままであったときには変数であったものを、定数に変形させているのです。

このように述べているところからおわかりだと思いますが、すでにこれほどの自己開示を私たちがしてしまっているからこそ、さらなる自己開示は最小限にされるべきなのです。自己開示をさらに追加してどうしましょう。それはその臨床家に、相手の視点に立って自分を見てみるという訓練、もしくは繊細な感受性が欠けているようであることを伝えるだけにすぎないと私は思います。

最後にもう一度、精神分析とは何かを確認してみましょう。

よりビオン流に言うなら、精神分析は、分析家の管理によってではなく、アナライザンドが自分のものの見方に応じてアナライザンドの人生を運営するようになることを目的としており、ゆえにアナライザンド自身のものの見方が何かを知ることができるようになることを目的としています。この目的は、分析家が真実への深遠な愛情に基づいて科学的作業を営み、真実を患者に供給することによって為されます。なぜなら、健康なこころの成長は、生体の成長が食物に頼っているように、真実に頼っているからです。もし真実が欠けたり不足したりするなら、パーソナリティは荒廃します。

第3講

精神分析という方法 その2
――一定の技法にとどまること

はじめに

前講に続いて精神分析という方法の話を続けましょう。今回は、その技法の独自性をめぐってです。精神分析と言えば、アナライザンドの無意識を解釈するという手技が何よりよく知られている技法です。しかしその技法だけではありません。と言うよりも、解釈という技法は、聴くことや話すことにかかわる一連の精神分析的方法の上に置かれているものなのです。まず、その方法全体に簡略に目を向けてみましょう。

技　法

広義には精神分析技法には、分析空間での臨床家の身の置き方やこころの置き方が入りますが、それらの要点については前章でおおよそ述べていますので、ここでは精神分析に特異な聴き方、話し方について述べていきます。もちろん、ここにはアナライザンドの無意識との、かつ、無意識での交流を想定した精神分析に特徴的な考え方が入っていることは改めて述べるまでもありません。

聴き方

象徴の活用

精神分析では、アナライザンドの無意識の思考、感情、空想を理解することをめざします。その方法の一つに、象徴から無意識の思考を読み取るという古典的なやり方があります。あるアナライザンドは夢を報告しました。「私は車でドライブしていて、後ろに年取った熊が座っていました」。アナライザンド自身が、閉ざされた空間である〝車〟は分析室を象徴し、背後の〝熊〟は私を表しているのだろうと述べました。このように車や熊といった象徴から、このアナライザンドが精神分析をどこかに向かう〝ドライブ〟――それには熊（すなわち、臨床家）にいつ襲われるかわからない恐怖がともなう――と、無意識に空想していることが理解されます。

しかしながら象徴を活用するこの聴き方では、飛び飛びに現れる象徴を繋ぐ作業という理解の不確実さと大まかさをともないますし、アナライザンドが夢や空想を語ってくれないことには無意識を聴き取ることは難しくなってしまいます。そこで「夢を持ってきなさい」、「空想を語りなさい」と求めるのは、あまりに無邪気なやり方です。臨床家の欲望を示すという前章で述べた自己開示のもう一つの例になるだけです。アナライザンドも臨床家を読むのですから。

無意識のコンテクストを読む

そこでここでは重要な聴き方の技術を二つだけ提示します。一つは、象徴だけでなく、コミュニケーションされている無意識のコンテクスト（前後関係を押さえた文脈）を読むという技法です。

分析セッションの中であるアナライザンドは、私の転移解釈の後に「去年あるとき、ほんとうはわかっていないのにわかっているかのようにふるまう職場の元上司にとても怒ったこと」を想起して語りました。その無意識のコンテクストを読むなら、「このセッションでの先ほどの解釈をした私が、わかっていないのにわかっているかのようにふるまっている」と、このアナライザンドに感じられており、その偽った態度に彼は「とても怒っている」ことが聴き取れます。また別のアナライザンドは「テレビで、ある陶芸家がとても緻密な色づけをし、それについてわかりやすく解説していた。とても力強く自信溢れており、そんな人間に自分にはなれそうもない姿と感じて落ち込んだ」と語りました。無意識のコンテクストに耳を傾けるなら、「分析家がその著書にとても細やかな理解をわかりやすく書いているのを読んだが、その姿が自信ある大きな父親のようで、私は子どもの頃のように、ちっぽけで何者にもなれない自分を感じて、今ここにいる」と彼が伝えていることが読み取れるでしょう。

今活発に活動している無意識の空想を読み取るこの聴き方の技術こそ、精神分析臨床家には不可欠なものです。ここで重要なのは、今ここでの転移状況というきわめて精神分析的な視点を保持していることであることは述べるまでもありません。なお、この聴き方は、象徴を使い、物語や視覚イメージを使えるパーソナリティの非精神病部分における無意識を知ろうとする聴き方と言うことができます。

無意識の排出を知覚する

そして、もう一つの重要な聴き方があります。これは前述した聴き方と対照するなら、象徴が使われず物語性の思考が作れない具体的に機能するパーソナリティの精神病部分における無意識の聴き方です。それは、アナライザンドの心的内容物の無意識の排出として聴く技術です（老婆心ながら、誰であろうと、パーソナリティに非精神病部分と精神病部分の両面を保持していることをここに追記しておきます）。

この聴き方は語られている内容だけに耳を傾けるのではありません。その物腰や語り口調、室内の空気の性質や動きや臨床家のこころへの影響の仕方（逆転移）にも感性を向けている聴き方です。

あるアナライザンドはセッションの終わり際に、私に「いかにこの分析が無価値で、無駄な時間潰しにすぎないか」を高ぶった口調で吐き捨てるように言い放ちました。一挙に空間の気温は上がり、空気はピンと張りつめ、かつ激しく攪乱《かくらん》していました。それを聴く私は私の内に傷つきとみじめさを強烈に感じ、いつのまにか無価値な自分を考えていました。セッションは終わり、彼は意気揚々と帰っていきました。残された私の中に、この気持ちはとどまりました。この感情と考えは、それまで彼が語り続けてきていた彼の苦痛な思いそのものであり、排出され私に向けて力づくで押し入れられたものでした。また強い憤りも私にはありました。この感情は、彼の強引な押し込みへの私の強い抵抗を表わしています。それは、彼の妻がときに見せた感情と同じでした。

もうひとりのアナライザンドは「子どものとき、親の病気のために上達してきていたバイオリンを辞めなければなりませんでした」。その話は淡々と語られ、「仕方ないんです」と爽やかに気持ちを吹っ切った話し方で終わりました。聴いている私には、その断念のやるせない悲しみがこころにありました。このときもやはり悲しみの感情はアナライザンドから排出され、それは私の中にありました。

前者の無意識のコンテクストを読む技法は、頭での作業をいくらか含みます。それでも後者、無意識の排出の聴き方と共通する精神分析独自の聴き方の基礎があります。まず、コンテイナーとしての自分自身のこころの知覚を普段からモニターし実感しておく必要があります。その上で、もの想い reverie によって自分の内外に向けた感覚に身を委ね、自由に想いをめぐらしていくことです。臨床家による自由連想につながる聴き方です。精神分析臨床家なら、この聴き方を身につけることが必要です。ちなみに、カウチを使う背面法を精神分析が用いるのは、この聴き方がもっとも確保される設定がこれだからです。

話し方

聴き手に正確に話す

話し方の技術は、私たちの伝える内容がアナライザンドという聴く側にきちんと理解されるのか、あるいは、どのように聴こえるのかというアナライザンドの聴き取るこころを想定して話すという観点を常に保持しておくことが欠かせません。そこでは、伝える私たちの意図がどの程度伝わり、どの程度外れ歪むのかがモニターされねばなりません。それを踏まえて、私たちは話し方——声の大きさ、音の強弱、速度、リズム、間合い、長さ、ことばの質、感情の湿度——を変えねばなりません。

私たちはいつでも二者関係、そして同時に、三者関係の中にいるのです。そしてそのもうひとりは、（交流している、そして観察している）重要な他者なのです。転移の進展を考慮するなら、私たちの意図するようには伝わらないということ、つまりコミュニケーションのずれは当然起こってくるのですが、そうであるがゆえに私たちは、まず正確に伝える最善の工夫をするべきなのです。

ことばを日常語から選ぶ

このときに私たちが使うことばは日常に使われることばであって、決して専門用語ではありません。ただこの日常のことばが精神分析関係においては、アナライザンドの腑に落ちる、こころに波紋を広げる、こころに生き残る、ときに破局を感じさせるという特異な働きをなすことがめざされます。無意識から意識に浮かび上がる際の不可避なインパクトを含むことばを、私たちは使わねばなりません。それは平易な日本語ですが、分析関係のふたりには、ほかのことばに変えられない貴重なことばなのです。精神分析セッションの只中で私たちは、そのことばを見つけ出さねばなりません。

解釈への反応を想定して話す

また実際に私たちが精神分析セッションで話すときには、何といっても解釈をするのですから、私たちは解釈を伝えるとき、それがどのように聴かれ、どのような反応が出てくるかを想定して解釈をするよう心掛けることです。

解釈について

解釈とは伝えることを含む

改めて述べるまでもないことですが、解釈というのは私たちが理解したアナライザンドの無意識の思考や感情、空想を彼らにわかることばにして伝えるという技術であり、作業のことです（松木、二〇〇二）。この解釈について改めて述べたのは、分析的心理療法に携わっている精神分析以外の学派の人たちの中には、解釈とは治療者のこころの内に前述したクライエントの無意識についての理解を思い浮かべるだけで充分で、ことばを発する必要はないという考えが根強くあるようだからです。

実際、ある研究会でその見解を聴いたとき、講師の立場にいた私はすっかり驚いて、〝この人は正気でこんなことを言っているのか。哀れにも乳児的な万能感に浸りきっているのだな〟と内心思いました。しかし私はそれを口に出しませんでしたし、その間真面目くさった表情でいました。ですから、滔々と自説を開陳していたその人には私の思い（その人の考えについての解釈？）は伝わっていないと私は確信しています。それはないでしょうが、もしその人がこの文を読んだら、「あのとき、こいつはそんなことを思っていたのか」と怒るにちがいありません。

この例でわかられるように、私たちの中で無意識についての理解を思い浮かべるだけで思いが分ち合われている、こころが触れ合っているという考えは、自己愛的でまったく不毛な見地です。それともテレパシーか無意識の共時性が働いているといった超能力的ナンセンスでしょうか。そもそも私たちが日頃会うクライエントの精神病理の発生は、親との間、もしくは自分自身の中で、感情や思考を表わすことばの交流が欠けていたからではないでしょうか。昔のフレイズですが、「親の背中を見て子は育つ」にしても、そうはいかなかった人たちが私たちのところへ来るのです。解釈は適切なことばにされて初めて伝わり、こころの触れ合いが起こるのです。

解釈投与の意義

解釈にまつわる精神分析の比較的初期からの重要な議論として、精神分析の治療作用が解釈、とりわけ転移解釈にあるとの正統的な主張がある一方、治療作用は解釈にではなく、治療者の人となりにある、自由連想をうながすコメントでよい、転移状況を感じ取りそれに身を委ねるだけでよい等の解釈の優位性に反対する立場からの見解も絶えず提示されています。ここでとりわけ議論の的になるのは、転移解釈です。ストレイチー（Strachey, 1934）の今ここでの転移解釈こそが〝変容惹起解釈〟であるとの見解が公認されて以来、この議論はたびたび繰り返されているのです（やはり、松木、二〇〇二　参照）。

私はそれをここで蒸し返したくはありません。それより論点を変え、週に数回、何年も会う精神分析という構造で「それでは、解釈をしない治療者は何をするのか」、「なぜ解釈に反対するのか」という二つの問いかけに目を向けたいと思います。

解釈をしない治療者は何をするのか

それでは、「解釈をしない治療者は何をするのか」です。

まず、傾聴します。そして、あいづちを打ちます。そうしながらもの想いし、自由に連想します。ここまでは、ことばを発しません。このままひとことも話さず、何百セッションも続けるのでしょうか。そんなことは、おそらく精神分析史上一度もみられていないでしょう。もしそうするのであれば、その面接者は必要ですが、分析理論は不要です。言語的交流での確認がなされないのですから、抱いた理論は面接者の空想にすぎません。しかし驚くほど多くの理論があり、さらにどんどん新しい理論も出てきていることは、ことばが投与されていることを伝えています。

そうです。面接者は口を開いています。面接者はクライエントの言ったことを、そのままなぞるかもしれません。あるいは、「そうですね」、「そうなんですね」と肯定を返すかもしれません。もしくは「と、言いますと」、「どんなことですか」と問いを発するかもしれません。しかし説明や教育、訓戒、忠告、助言をするようになるなら、それは意識的なこころへの働きかけですから、精神分析から離れていきます。暗示や未来への示唆をするなら無意識の意図的操作です。しかし、さらにもっと分析的手技を活用するかもしれません。

古典的には、明確化や直面化をするのが精神分析技法にとどまることです。これはどちらもクライエントの前意識――かなり意識化されやすい無意識――に置かれている考えや感情を意識化させる働きかけであり、後者はそうでありながらクライエント本人の抵抗がとくに強いそれらを意識化させる介入ですから、確かに精神分析技法の範疇にあるとみることができます。

今日分析的とされている介入に、さらに情動調律、共感的対応があげられそうです。それらは〝心理的酸素を供給する〟対応と言い換えることができるようですから、ここでは身体臓器である呼吸器の活動がモデルに置かれています。このモデルを、真実についての知識の吸収がこころの栄養となるとの消化器の活動をモデルにしたビオンの見解と較べるとわかりやすいと思います。消化器モデルでは栄養失調はやがて衰弱死をもたらしますが、呼吸器モデルでは酸素不足は、即、死につながります。生まれたばかりの赤ん坊は酸素をすぐに吸わなければなりませんが、お乳を飲むのはもっと後でよいのです。つまり情動調律や共感的対応とは、治療者のもっとも基本的な姿勢で、たとえばロジャーリアンの言う「受容と共感」の類い、ウィニコット（Winnicott, D. W.）の用語での「ホールディング」に類似するものと考えられそうです。つまりこれらは精神分析技法での必要条件とみることはできるでしょう。それならそこに十分条件が加わる必要があります。つまり解釈が必要です。

しかし、もしそれらの考えを抱く人たちが、いや、それらで精神分析技法の必要条件のみならず十分条件も満たしているというのなら、私には納得がいきません。精神分析の本質は無意識を意識化することにあると考えるからです。酸素を吸うためにはその行為の意識化は不要です。また、それは生涯不変です。しかし、食物から栄養をとるには意識化が欠かせません。なぜならライフサイクルで食物の種類も変われば、毒物や非消化物を呑み込まないように注意が必要です。

ここにあるもう一つの問題は、情動調律や共感的対応は面接者によるその作業がかなり意識的な注意のもとになされるものに思えることです。ところで、フロイトは精神分析の基本となる方法として「自由に漂う注意」をあげました。これは面接者の前意識や無意識を、クライエントの無意識をもっとも広く深く感受するために使う技法です。情動調律や共感に気持ちを向けている心的態勢には、この「自由に漂う注意」という無意識に向けた精神分析の基本方法を使う余地がほとんどないようです。それは精神分析なのでしょうか。

もう一つ、最近の関係性を重視する考えとして、クライエントの自由連想とともに治療者も解釈をせずに自由連想をすればよい、いわば、両者で創造的に遊べばよいというものがあります。これは前述の「自由に漂う注意」にのっとっている分析的に適切な方法のようです。けれども私には、ここには根本的にとらえ損なわれているものがあると感じられます。精神分析臨床の経験が教えてくれるのは、（日常の場は言うまでもなく）精神分析の場においては、そこにいる両者にとって自由に連想することは大変困難であり、ましてやそれをそのまま言語化することはもっと困難であるとのことです。そのため臨床家は訓練を重ねますし、クライエントではそれは病理の表出です。こうして両者の間でそれがスムーズにいっているときは稀なのです。

もし自由連想がほんとうに持続されているのなら、それは分析を終わってよいというサインです。もはやクライエントは自分だけで自分の無意識を見ていく作業、つまり自己分析ができるようになっているのですから。そこまではなくとも、スムーズな自由連想での交流が生じているのなら、確かにそこには治療者の解釈は不要です。しかしすでに述べましたように、それは稀なのです。分析過程でクライエントは自由に連想できなくなります。〝抵抗〟と呼ばれる、クライエントの中の無意識の何かがそれを止めるからです。ですから、そこに無意識を意識化する治療者の解釈が求められるのです。そこで解釈をしないことは、治療者が事態を放置することです。あるいは、創造的に遊んでいるふりをすることです。それをしようとは誰も思わないでしょう。しかし人はそうしてしまいがちなのです。なぜなら、意識的に出会うこと、向かい合うことが怖いからです。

なぜ解釈に反対するのか

ここにもう一つの問いかけ、「なぜ、解釈に反対するのか」に入るきっかけがあります。

ずっと昔、最初に精神分析という方法を書物で知ったとき、私はこれはとてもいい方法だと思いました。患者が自由連想をして、治療者は気づいた無意識部分をそばから解釈するという、治療者はまったくの傍観者的な立場で知性だけを働かしていればよいと私がとらえたからです。浅はかなことに、言わば小学生の家庭教師のようであるが、それより遙かに知的で高級な仕事のように見えたのです。しかし臨床の仕事に就いて臨床家としての訓練を始めてみると、それがまったくの戯言にすぎないことを知りました。しかし、もし私が専門的な訓練を経ずに自己流で精神分析もどきやっていたのなら、このことにさえ気がつかなかったのではないかと恐ろしくなります。

それはともかく、スーパービジョンを受けながら始めた転移解釈をおこなうという作業はとても恐ろしいものでした。それは（当時は対面法で心理療法をおこなっていましたので）、今ここでの私をターゲットに差し出すことで、目の前のクライエントに自分の裸を無防備にさらすような緊迫と困惑の感覚を自分の中に湧かせました。その自分自身への面映さとその自分がどう扱われるかわからないことの怖さです。

転移解釈についてのもう一つのイメージは、泳げない可能性が大きいにもかかわらず、高いところから流れる川面に飛び込むような感覚です。次の瞬間には溺れてしまいそうな怖さです。つまり転移解釈を始めるには、この恐怖をえいっと振り切る決心が必要でした。そのときは気づきませんでしたが、初心者の私は自分の怖さにもちこたえようとすることに精一杯で、クライエントがそのときどんな思いをするのかといったところまでは思いがまったくおよびませんでした。

ただ私は、今でも転移解釈の本質はここにあると思っています。そうです。転移解釈をすることは、生の出会いを試みることですから、私たち自身が傷つく、あるいは相手を傷つける、さらにはその両ケースが発生するという破局状況にあえて向かうことなのです。それは、精神分析体験に不可欠な新たな真実に出会うための、逃げ場のない出会いなのです。そのためそれは、たとえその後の訓練を経てより自分を知るようになり技法が上達しているとしても、やはり怖いものなのです。この怖さは、その出会いの真正さ、誠実さの証であると思います。もし怖さを感じないで転移解釈をしているのなら、それは形だけのものです。その実情は、転移解釈もどきの面接者のナルシシズムの産物です。

私は転移解釈は、共感の伝達の一形式でもあると考えていますが、つまり聴く側であるクライエントの立場に立って、とくに真実を知る痛みを知った上で、伝えられるべきものであると考えていますが、この立場で解釈をした後ほど怖さは増してきます。つまりその解釈は、クライエントのこころのある部分に向けられるだけではなく、それに相応する臨床家自身のその部分にも向けられるからです。さらに、その解釈がずれていたときに起こる、ふたりのこころの摩擦が起こす新たな痛み、傷つきへの怯えが大きくなっているからです（松木、一九九八）。

解釈に内在する痛み

解釈が反対される最大の理由は、ここにあると私は思います。すなわち私たちのこころとクライエントのこころが直に裸で触れ合うときに発生しうる傷つきや痛みへの怯えです。面接者の解釈が引き起こすクライエントの痛み、傷つきうんぬんと言いますが、実は自分の痛みやそれへの怯えに耐えられないのです。あるいは耐えられないゆえに、痛みや怖れを自分に生じない解釈をしているのです。それゆえ不可避なインパクトを欠いており、ゆえに解釈が無意味だと当然思うことになるのです。

転移解釈とは、痛みと怖れを分ち合う作業です。その解釈をクライエントが確かに聴き取ったとき、ふたりそれぞれは哀しみという孤独なこころの痛みを感じます。もし治療者が痛みや恐怖にもちこたえて転移解釈をできるのなら、私たち以上にクライエントはもちこたえてくれます。真実への彼らの内的な需要にそれがきちんと答えていることを知っているからです。

外科手術での外科医と患者の関係のたとえを基盤にした「転移解釈は鋭利なメスである」というたとえは、不適切なそれであると私は思います。なぜなら、解釈は両者に切り込まれるからです。このたとえの対極にあるたとえが、「つるの恩返し」的治療者像であり、「傷ついた癒し手」的治療者像なのでしょう。しかし私たちはこの対極の中間を歩まねばなりません。だからこそそれは、根気強い訓練と熟達を必要とするのです。転移解釈は凶器だから控えるとよいとするのは、精神分析を何ももたらさない心理療法的儀式にするだけでしょう。

精神分析臨床家として損なわれてはならない流儀は何か

精神分析という方法を見直してきたところから、精神分析臨床家の流儀を確かめてみましょう。

一つは、精神分析設定——外的設定：外界にかかわる分析構造と、内的設定：中立・禁欲の立場でもの想いするこころ——を保持し続けることです。そして、もう一つは、精神分析技法の保持、とりわけ解釈の投与を続けることです。

ここには精神分析の方法としての目新しさはまったくありません。だから精神分析なのです。大切なことは、変わらぬ設定と技法の枠の中で、そのアナライザンドのこころについて何をわかるかなのです。

第4講

分析的な好奇心

長めのはじめに

週二回の精神分析的心理療法で会っていた、抑うつを主訴としていたある独身女性は、生きていることの苦しみを訴え続けました。それはすべてがつらく、何も楽しみはなく、誰からも理解されることもなければ大切にされることもない生を生き続けてきたようでした。あまり言葉を発しない彼女はセッション中、ずっと重苦しい表情で過ごしました。涙も流し続けました。彼女の話からは、誰もが彼女を無視し見捨てているようでした。かかわり合う人は彼女を嘲《あざけ》るだけのようでした。私は彼女を気の毒に感じ、彼女の苦しみに触れていたいと思いました。そこで私は彼女が私にも感じているであろう陰性感情を取り上げていきました。こうして三年が過ぎ、四年が過ぎましたが、何も変わらないようでした。希望も生まれそうでしたが、やはり彼女のこころは苦しみでいっぱいでした。

さらに五年が過ぎ、六年が過ぎました。やはり何も変わりません。実生活では彼女は働き始めましたが、その場でもまったく孤独で、苦しいばかりなようでした。私は陰性転移の解釈を続けていましたが、あまりに彼女が変わらないことに、そしてただ生きている苦しみが語られ続けることに、さすがにうんざりしてきている自分に気がつきました。変化のない彼女の状態が、そして変化のほとんどないセッションがずっと続くことに、私はもはや好奇心を失いかかっていました。もの想いの中で心理療法を終わることさえ、ふと思い浮かべないでもなくなっていました。

私は私自身の気持ちが、離人感にやや近いほど、まったくフラットになっていることに気がついていました。しかしその一方で、彼女は生々しく重苦しいのでした。ふと私は、どのクライエントに較べても相当な重篤感を漂わせながら、こんなに私から好奇心を失くさせてしまうとは、一体彼女はどんな風にしてこの事態を引き起こしているのだろうと思い始めました。

そうしたところ、彼女が私との間では彼女の変化した姿を見せないようにしているようであるとのことが実感を持って私に感じられるものになってきました。実際彼女の話し振りから、日常の生活全体は過ごしやすくなっているように私には思えるところもありましたが、私には決してそうは語られることがないのは確かなようでした。ここには何か理由がある。彼女によい変化があれば、それが、私がもうこれぐらいで十分だと彼女を見捨てる理由になってしまうと彼女は思っているのかもしれないとも私は考え始めました。あるいは、よい変化を彼女がほんとうには知りたくない、知ると希望が絶望に変わると怖れているのかもしれないとも考えました。また、よい変化を手に入れた彼女を私が羨望するかもしれないと彼女が怖れている可能性も考え始めました。

このようにして、私に好奇心が甦ってきていたのでした。

猫は、入ったことのない部屋や押入れ、物入れがあると必ず入り込んで覗きまわります。まるで傍にいる人間なんか知ったことではないとでもいうように、好奇心を顕わにします。それもあって、西欧のことわざに「Curiosity killed the cat（好奇心が猫を殺した）」というものがあります。この含意するところは、「好奇心もほどほどにせよ」ということです。エディプスが悲劇にはまり込んでいったのも、誰がテーバイを疫病や悪凶溢れる都市にしてしまっているのかという好奇心からでした。そのためエディプスは自分こそがその人であるとの不幸な事実を知ることになったのです。一般社会では、好奇心は用心する必要があるものなのでしょう。それでは、精神分析臨床ではどうなのでしょうか。これも、一つの好奇心です。

精神分析での好奇心

精神分析は、人に対する好奇心そのものではないかと私には思えます。人への好奇心が失われてしまったら、精神分析は苦行、いやむしろ拷問になるのではないかと思います。抑うつ傾向のある面接者の困難はここにもあるように思われます。人を知るという喜びこそが精神分析がもたらしてくれる恩恵の一つだとしたのなら、その始まりには好奇心が不可欠でしょう。そこから始まります。そして精神分析過程で知りえた知識は、本質的に喜べるものというよりも哀しみを感じさせるものです。それでもなお知ろうとするには、やはり好奇心が不可欠です。この人はどうしてこのようなのだろうかとの問いです。

好奇心と問い

好奇心は、問いを生みます。そして、問いの発見が好奇心をさらに高めます。小林秀雄が「取り戻さなければならないのは、問ひの発明であって、正しい答へなどではない」(小林、一九八二)と言っていますように、問いをたくさんもてることが私たちの精神を活気づけます。そして答えは、好奇心を殺します。

ビオンがたびたび口にしたことば——幾つかのバージョンがありますが、もともとビオンが精神分析家アンドレ・グリーン(Green, A.)から聞いたフランスの文学者モーリス・プランショ(Planchots, M.)のことば——「答えは、問いを不幸にする」、「答えは、好奇心を不幸、あるいは病気にする」は、まさにこのことを言っています。人は、これが答えだと思ったら、もう考えなくなってしまいます。対象への関心もなくしてしまいがちです。

精神分析臨床に戻ってみますと、私たちは困難な状態に陥ったときほど、性急に答えを求めたくなってしまいます。とりわけ経験が少ないときほど、早く答えを手に入れたいと願うものです。しかしそれが答えだと思ったとき、見えてくることも多くあるのですが、実際はそれ以上に、答えのスポットライトからはずれたそのクライエントの多様な面が暗闇に埋もれ、まったく視野に入らなくなってしまっているのです。

二つの体験

まだ私が精神分析的心理療法の経験が数年だった頃、私は〝境界例〟とされたある青年をみていました。その青年は穏やかに話しているのですが、私には彼の語っていることがうまく理解できず、そのためいくら真剣に聴いても面接後に想起しがたく、面接後の逐語記録が大変困難でした。やりとりをわからないままに、できるだけそのまま頭の中に残すので精一杯でした。そこで、毎週のスーパービジョンで彼の語ることの意味を教えてもらうことが必要であり、楽しみでした。スーパービジョンの度にスーパーバイザーのコメントに、なるほどそうだったのかとよく理解できた気持ちになるからでした。こうして心理療法は続きました。

今にして思えば、私はわからないことにまったくもちこたえられず、(このケースを私に紹介してくれた)スーパーバイザーから答えを得て、それを持って、ほとんどそれだけで次のセッションに臨んでいたのです。借りてきた答えに頼り切っていたのです。今ここのセッションは、そのときの私の好奇心、問いによって深められることはなく、過去の答えを使って対応されていたのです。ですから私は言わば、そのクライエントとスーパーバイザーの間の伝達係をやっていたに過ぎませんでした。私の好奇心はまったく不幸でした。ただ今日振り返ると、そのときでさえ私の好奇心は死んではいなかったようです。私はどこかで彼を、広い範疇での統合失調症ではないかと疑っていました。その疑問はもち続けていました。しかしそれを黙らせていたのでした。

そして次に別の〝境界例〟と診断された女性を精神分析的心理療法でみる機会を得ました。この女性は前の男性に較べると話していることはずっと理解でき、逐語記録はできましたが、それは表面にとどまっている感じもありました。語ることにどこか奇矯さがありました。やはり、このケースを私に紹介してくれたもうひとりのスーパーバイザーにスーパービジョンを受けていました。スーパービジョンで私の理解は深まりましたが、彼女の実態とはどこかずれている感じも私にはありました。この疑問は私の中に居続けました。このときには、好奇心は黙らされたままではいませんでした。そしてある日のセッションにやってきた彼女は、いつもとまったくちがいひどく切迫して感情も激しく昂っていました。面接ではさらに興奮し、もはや座って話す状態ではなく会話も成立しなくなりました。遂には彼女は部屋の隅に座り込んでわめき始めました。明らかな精神運動興奮にありました。こうして診断が変わりました。統合失調症でした。彼女はそのまま入院治療に移行しましたが、しばらく亜昏迷が続きました。スーパーバイザーの意見もあり、分析的心理療法は中止となりました。

これらの経験は、よくわからないが何かありそうだという思いと、それは何なのだろうかという問いをもつことの大切さを私に自覚させてくれました。

もちろん、私の面接セッションの報告が要領を得ていない稚拙なものであったため、スーパーバイザーも病態の把握が困難であったにちがいありません。私自身が自分の中で言語化できていないものはうまく報告できませんでした。それだけでなく、私がスーパービジョンを当てにして、私自身の好奇心を生かさないため、悪循環的に私の視野がさらに限られてしまっていたことも大きかったと思います。

わからないことの大切さ

負の能力 negative capability

わからないことの大切さを説いたのは、やはりビオンです。彼は英国の詩人キーツ（Keats, J.）の手紙から「負の能力」negative capability ということばを引用して述べました。

キーツは次のように言っています：「……負の能力、すなわち、真実や道理をいら立って得ようと努めることがまったくなく、不確実、神秘さ、疑惑の中にいることをある人物ができるときです」。

ビオンは次のように言いました：「自分が何者であるかを認識するのにあまりに長くかかってしまうアナライザンドの特異さとか難しさに精神分析家はもちこたえられねばなりません。精神分析家がアナライザンドの言うことを解釈できるのなら、分析家がその解釈を知っているとの結論に駆け込むことなくアナライザンドの言っていることにもちこたえられる偉大な能力をもっているにちがいありません。このことがシェイクスピアは「負の能力」にもちこたえることができた、とキーツが言わんとしていたことだと私は思います」（Bion, 1974；Casement, 1985 も参照）。

好奇心とわからないこと

分析的好奇心は、問い、疑問を生み出します。これはいったいどういうことなのだろうと、わからないものを感じさせます。それは答えを要求しているようです。しかし答えはわかったようにさせてくれますが、わかっているとはかぎりません。「それは、防衛ですね」、「そこが、エディプス葛藤からのものでしょう」という答えはそれが正しいとしても、それは何もなしません。私たちは合点がいくかもしれませんが、アナライザンドには何の意義もありません。専門用語の無意味さはここにありますし、精神分析臨床とは、アナライザンドが情緒体験としてわかることのために私たちがわかることです。

ある男性のアナライザンドは、幼児期に得られなかったと感じられた母親の愛情を求め続けていました。しかし彼はその一方で、拒絶を怖れてその母親に近づけませんでした。この彼の在り様を私は最初の一、二回の面接で理解しました。それは、あまりに明白でした。そこで私は、その理解を彼に返してみました。彼は驚くほどに、私の言うことをまったく理解しませんでした。

こうして私は、これほどに彼がわからないとのことに好奇心を抱きました。彼のわからないという立場に私自身を置いて、彼の思いをわかろうとしました。しかしその視点から私が彼に伝えることへの彼の返事は、私が彼を「わかろうとしているようにはまったく見えない」というものでした。こうして私は〝私が彼をわかろうとしていない〟という彼の思いのわからなさを理解しようと努めることになりました。それは長い精神分析の旅でした。数百セッションの後、彼はようやく私と理解を分ち合うことができ始めました。それは、

〝彼の思いは、彼の思うようには誰も理解してくれない〟という途轍もなく悲しい発見でした。そして〝やはり私は彼を理解しようとしていない、だが誰よりも彼に誠実である〟というものでした。

この記述と類似する経験は、恐怖症の人を分析した臨床家なら体験していると思います。恐怖症の人の葛藤の本質は、それを聴く私たちにはすぐにわかります。たとえば刃物恐怖のある女性は、家族——そもそもは母親——に憎しみを感じており、それゆえ傷つけたいとの欲望を抱いていることが彼女の恐怖のあり方を聴く私には明白すぎることでしたが、彼女自身には絶対にありえないことでした。それは、彼女にはわからない、考えられないことでした。

精神分析セッションにおいて、私たちは好奇心を抱きながら、しかしわからないという欲求不満を抱えていかねばなりません。ここにおいて精神分析は大変禁欲的です。セッションの中でわかったと私たちが感じるときがあったとしても、それは次にはそこから次のわからないものが浮かび上がってきていることを受け容れなければなりません。わかったと思い込むなら、私たちは好奇心を失い、傲慢で愚かになってしまう道に一直線で走り込みます。わかることと同じ比重か、あるいはそれ以上に、わからないことにもちこたえることが、精神分析の臨床のように思われます。

端的に言えば、精神分析の臨床体験とは、好奇心とわからないことの挟間でもの想いを続けることなのでしょう。

自由に考えること

それでは、わからないことにもちこたえるにはどのようにすればよいのでしょうか。わからないことをじっと我慢し続けることなのでしょうか。実際は、その反対です。わからないから、できるだけ自由に考えられる必要があるのです。

タブーを考え、禁止を考える

これも精神分析にかかわる私たちは知っていることですが、この自由に考えることが大変難しいのです。自由連想法を試みるとすぐにわかりますが、たとえ周りに誰もいなくても、連想はたやすく停止してしまいます。そして私たちに分析を求めてくる人たちも、どこか自由に考えることができなくなっているのです。それが葛藤や不安や、困った状況にしかならない行動を引き起こしているのです。私たちはある視点、もっと大きく言えば、ある世界観だけにつかまってしまうと、自由に考えることができなくなっています。

神がいる、そして私たちがいる地球こそが宇宙の中心でなくてどうすると人間が考えていた間は、回っているのは私たちの住む地球の方であるし、地球は幾万幾億の星の一つにすぎないとの地動説という考えは、考えられないものでした。同様に、人間は動物とちがって理性と知性で生きていると考えていた間は、私たちのこころの無意識の欲動や情緒こそが私たちを動かしているとのフロイトの発見も、受け容れられないものでした。この精神分析への拒絶は、口当たりよく変えられたところは受け容れられているようでも、本質的には今も続いています。そしてそれは、当人にはわかりません。もうそこには、好奇心の働く余地はないからです。

日常生活においても私たちは、差別はいけない、犯罪はいけない、迷惑はいけない、残酷はいけない、嘘をついてはいけない、不道徳なことはいけない等とたくさんの現代のタブーに囲まれていて、考えるのを止めるよう求められているようです。しかし、犯罪者や性倒錯者、罪悪感に苦しむ人、犯罪を犯しそうな、もしくは不道徳なことをしてしまいそうな不安に怯える人や葛藤を悩む人、そのほかあらゆる人の思いを理解しようとするなら、私たちは列挙したタブーとされることを自由に考えられねばならないのです。私たちは、どんなことでも考えられるように準備していないと、目の前のアナライザンドの気持ちには触れられません。

考えることと行動すること

ときどき誤解されてしまうようですが、考えることと行動することはまったくちがっています。私たち精神分析臨床家は、最大限自由に考え、最大限行動を控えるのです。とりわけそれが、セッションの中の精神分析臨床家に求められていることなのです。なぜなら、行動に移るとき、私たちは考えることをいくらかなりとも制限してしまっているからです。

歴史的に精神分析家が考えることだけに我慢できなくなってしまうことも起こってきました。彼らは行動を起こしました。その愚かな例の一つがウィルヘルム・ライヒ（Reich, W.）の「オーゴンボックス」の発明です。彼は性器性欲のオーガズムこそが心身の健康の基盤であると考え、それを直接もたらす治療機械を作りました。もはや行動だけになってしまったのです。彼は晩年妄想病の診断を受けました。しかし驚くべきことにこの療法は、バイオエナジェティック療法として今日も継承されています。

私は若い頃に、来日したシステム家族療法の創始者ミニューチン（Minuchin, S.）の話を聞いたことがあります。彼はもともと精神分析の訓練を受け、子どもの治療に打ち込んでいましたが、貧しい家庭の不幸な子どもたちにかかわるには精神分析は制限が多すぎると感じ、もっと自由にかかわれる家族療法に変わったと語っていました。彼は治したいという欲望に燃えた熱血漢だったのでしょう。それを行動に移しました。愛着理論のボウルビィ（Bowlby, J.）にも似たような話があります。彼はメラニー・クライン（Klein, M.）のスーパービジョンのもとに幼い子どもを分析していました。しかしその子の母親が精神状態を悪くし入院してしまいました。もはや誰も子どもを分析に連れて来られません。クラインはボウルビィにその子の分析をやめてしまうように言いました。ボウルビィはその子をとてもかわいそうに感じ、精神分析の限界を感じました。そうして彼は精神科医としてのあり方を優先させ、行動に移しました。そこから彼独自の子どもの観察方法と愛着理論は生まれました。

ミニューチンやボウルビィはこうした生き方を選択しました。それはそれで主体的な選択であり、そこからの創造もあります。しかしそれでも精神分析臨床家であることは、行動に移さず、自由に考えることに私たちがとどまり続けておくことにあると私は思います。

自由に考えることをもたらすもの

それでは、どのようにしたら、私たちは自由に考えられるようになるのでしょうか。先ほど述べたように、自由連想法を自発的に試みるのも一つの方法でしょう。自己分析です。しかしそれは、早晩壁に突き当たってしまうことに終わりがちです。

それではどうしたらいいのか。そうです。誰かの分析を受けるという方法があるのを知っておられましょう。個人分析、教育分析、訓練分析と幾つかの呼び名がありますが、この精神分析を受けるという体験こそが、私たちに思考の自由をもたらしてくれるもっとも効率のよい方法です。私たちの自由な思考が行き詰まっているときの導き手がそこにはいます。しかし、精神分析を受ければ、すっかり自由に考えることができるようになると思うのも早計です。分析が終わった後にも、自己分析をさまざまな機会を見つけては続けていくことが大切なのです。それを導いてくれるのもまた、好奇心のようです。自分自身に対する好奇心です。どこまでも、精神分析と好奇心は切り離せないもののようです。

おわりに

好奇心は、猫を殺すかもしれません。精神分析臨床家にとっても好奇心は危険なものかもしれません。しかし、同じ好奇心が精神分析臨床家を育ててくれると言ってよいのではないでしょうか。危険性と滋養であることの分岐は、万能感と禁欲の意識化にあるのかもしれません。

第5講

語られることの中の現実と空想

はじめに

ここで扱うのは、面接場面で語られることの中の現実と空想です。もちろん私は精神分析的設定での面接を前提として述べますが、広く精神科面接や心理臨床面接にも当てはまることではないかと思います。現実と空想については、かなり大まかな言い換えですが、外的事実と心的事実とできるかもしれません。本書の第一講で少し触れました。そしてやはりこの問題は当然、心的外傷論にかかわってきます。私がこの問題に戻るのは、現実と空想をどのように位置づけるかが、精神分析臨床家の在り方を決定すると私には思えるからです。

たとえば私たちは、アナライザンドの話を聴いて、語られていく内容を空想と現実に識別できるのでしょうか。識別できるとするなら、両者それぞれに見合う対応というものがあって、それが私たちにできるのでしょうか。私たちは、アナライザンドの語ることが外的事実／現実のことだから共感できるのであって、心的事実／空想にすぎないのなら共感できないのでしょうか。転移は空想なのでしょうか、それとも、過去の事実、現実の出来事と考えられるのでしょうか。あるいは、今まさにここにある現実なのでしょうか。転移がそのどれかであることで、私たちの関与はちがってしまうのでしょうか。

外的事実／現実か空想かという問題には限りがなく、その決定的な解決は困難なようです。しかし実際の分析場面は、それについての瞬時の判断を迫るようでもあります。詰まるところ面接場面では、空想と現実の識別が私たちに本質的に必要なのでしょうか。

面接において知ること

精神分析的面接でなくとも面接室でなされる面接では、私たちは何を知ることができるのでしょうか。

実生活での現実

まず実生活での事実把握のありようを見てみましょう。

私たちが車同士の衝突事故を起こしたとします。私たちは現場にとどまります。そこに複数の警察官が来ます。彼らは、その事故の経過を当事者である私たち、もう一台の車の運転者に聞きます。たまたまそこにいた目撃者にも聞くかもしれません。その三人はそれぞれの立場で、事故というほんの一瞬の時間に起きた事実を語ります。語られるそれらは、すべてが一致することはまずもってありません。それはまさに芥川龍之介が『藪の中』に書いている通りです。話だけでは事故発生時の外的事実、現実の出来事は決定できません。

しかし、わからないままでは警察官は職務を全うできません。警察官にはその事故の現実状況を正確に把握して、その上で罰則や指示を与える役割が義務づけられています。そこで警察官は、その現場に確実に残されているものに立ち返ります。つまり二台の車の壊れた部位や程度、人の怪我の部位や程度、路上の物損の有無や程度、ブレーキ跡の性状といった今も検証できる外的事実です。それらの客観証拠と三者の話を照合して、二〇分前に起こった事故の現実を決定します。

面接室での現実

ここで心理面接、もしくは精神医学的面接といわれるものに戻りましょう。そこでは私たちは患者やクライエントの生活史や病歴を聞きます。いわく、「幼い頃、母親が気分屋で、夜中にそうじをするといっては、寝ているのを叩き起こされた」、「父親から性的虐待を受けた」、「幼稚園で他の子らにいつもいじめられた」、「小学四年のとき、死にたいと思って、マンションの屋上で飛び降りる場所を探した」。

これらは過去の外的事実、現実のことかもしれません。しかしある出来事にまつわる空想かもしれません。

それを今の私たちは識別できるでしょうか。答えは、明白に否です。交通事故の例に戻ってみるなら、それがよくわかるでしょう。まず、面接室での私たちはその件の当事者ひとりの話しか聞いていません。しかしこの点は別の誰かが、たとえばその件を当時見聞していた家族の誰かが同席していて、そのときを振り返って実際にあったと証言してくれるかもしれません。それなら、その件は外的事実、過去の現実でしょうか。そうではありません。「分析は、〝記憶〟の一部である〝事実〟を強く疑うべきである」（Bion, 1970）とのビオンのことばを思い出す必要があります。あらゆる記憶は、過去の事実そのものの正確な想起ではないことは、精神分析臨床家なら周知のことでしょう。誰かが証言したとしても、それは〝事実らしい〟にとどまります。精神科医なら、ふたり精神病／フォリ・ア・ドゥにおける共有妄想を想起するだけで十分でしょう。ここにはやはり、その件を裏づけできる証拠となる外的事実が必要です。

それでは次に私たちは、検証できる外的事実を得ることができるでしょうか。それはまずもって不可能です。（交通事故の現場のような）検証できるそのときのその場はもはやありません。

それでは「今、家族に虐待されている」と訴えられているなら、どうでしょうか。面接室で、私たちは証拠となる事実をその人の身体の傷に見出すかもしれません。けれども虐待という外的事実の決定には、虐待の客観的な証拠を得るよう私たちはその人の家を訪ねて、現場の証拠を検証せねばなりません。今日これは、警察官か弁護士の関与がないとできないでしょう。しかし、そうすれば外的事実を把握することができるかもしれません。外的事実を確実に把握しようとするなら、これほどの行動が求められるのです。これを、面接者のあなたはやるでしょうか。ましてや「虐待された」という過去形の話をどのように聞くでしょうか。

現在の証拠に基づく過去の事実

患者、クライエントの今の状態から過去の外的事実が明らかになるとの主張があります。たとえば解離の症状、多重人格は、過去に心的外傷、とくに性的外傷を受けたという外的事実に基づくとの見解があるとのことです（たとえば細澤、二〇〇八の紹介）。

この見解から私は中国の一つの故事を思い起こします。

船である商人が旅をしていました。船は湖の航路を順調に進んでいました。船べりに座っていたその商人は、ふとしたはずみで財布を船外に落としてしまいました。そのまま財布は沈んでしまい、船は進行しました。そのときその商人は船べりの落とした箇所に印を付けました。不思議に思った同船中のある人が尋ねたところ、その商人は答えました：「船が向こう岸に着いたときに、印のところの下を探せば私の財布があるでしょう」。その印は現実にそこから落ちた箇所についており、その確かな事実として、船が着いたそのときも今そこにあるでしょう。しかしその下には財布はありません。

現在のある特定の症状が過去の性的外傷という外的事実を裏づけることを証明する方法は一つしかありません。それはまず、そのときの客観的に証明された事実として、今現実に性的外傷を受けている子どもたちを多数確保することです。そしてその子らが大きくなったときに、全員がその特定の症状を顕わすことが後年客観的に確認されることです。そしてもちろんその子らと対照になる、性的外傷を受けていないことが証明されている子らを確保しないといけません。そしてその特定の症状がその子らにはまったく出ないことが確認されねばなりません。こうした研究法の厳密な実践は不可能に近いものであり、実際なされていないと私は思います。

ここまで長々と私が述べてきた論議を稚拙だと思われる方も多いかもしれません。その通りです。しかし外傷論が興隆している今日の臨床場面では、それは外的事実であると安易に決め込まれて、その後の対応が決定されていることが少なくないように私には思われます。判断と対応決定の無造作を私は危惧しているのです。

一つの例示

私は最近の幾つかのケースを思い出します。精神科クリニックで出会った、その一つを述べましょう。三〇歳前半の男性が、ある心療内科クリニックから私に紹介されてきました。彼が訴える抑うつやパニック発作は性的外傷に基づくものなので、専門家に精神分析的治療をしてもらいなさいと紹介されてきたのです(もちろん、私に事前の連絡はありませんでした)。過去の〝性的外傷〟について詳しく書き込んだノートも彼は持参しました。

彼は小学校のとき、近くに住む中学生の従兄弟のところに遊びに行ったところ、マスターベーションを教えられました。それから彼はその従兄弟のところに足繁く通い、相互マスターベーションにふけったのでした。近頃になってその記憶が突然甦り、苦しくてたまらないと訴えました。その従兄弟を呼び出して、謝罪と賠償を求めていました。思えば大学時代に彼が性風俗にのめり込んだのはその体験が原因であり、大変な金銭的損害を受けているとも主張しました。そのときの性的外傷で自分の精神に障害が生じていることを、精神医学的に証明してもらいたいと彼は言います。

演劇塾にいたこともあるため、かなりドラマチックに身振り手振りを加えて話す彼の話に耳を傾けている内に、私には彼が繰り返している明白な対象関係が浮かんできました。それは、彼が年上の男性に認められたくて、よいところを見てもらいたいとその男性におもねて懸命に振る舞うことでした。だがそれは挫折に終わります。そこで、私は彼に〈あなたは、お父さんが好きなようですが、そのお父さんがあなたを認めないことに苦しんできたのではありませんか〉と尋ねました。彼は即座に肯定し、幼い頃から現在まで、彼がどんなに頑張っても父親が認めてくれないのが残念でたまらないことを詳しく語りました。無職になって実家に帰った彼は、現在も父親から見下げられていると内心焦燥し、鬱々とした気持ちで日々を送っていました。この状況でパニックが出現し、彼の言う〝性的外傷〟の記憶が甦ったのです。

私は、従兄弟も認めたと彼が言う、かつて彼の性的出来事は外界で起こったことなのだろうと思います。しかし同時に、それは私にはわからないことでもあります。私にわかることは――それは、私との間でもそのまま今起こっているようでしたが――彼が、エディプス状況での父親からの去勢の脅かしを、虚勢を張りながらも迎合で乗り越えようとするが、結局挫折してしまうことを反復しているように見えることでした。とても面白いのは、ある時期彼はある宗教にはまり込んでいましたが、その男性教祖はすでに亡くなり、その男性の妻が教祖の役を荷っていました。彼はその女性を〝○○のおっちゃん〟と呼んで師事していました。私は、私にわかった父親対象との葛藤の深刻さを彼に伝えました。彼は耳を傾けました。

次に来たとき、彼は私の見解を肯定し、私が指摘した彼の父親との関係を母親も肯定したことを述べました。そこで私たちは、さらに父親との関係を見ていきました。彼は〝性的外傷〟論にこだわりながらも、父親への屈折した思いを今更ながらに自覚したようでした。そして次に来たとき、彼は言いました：「ここは遠いので、近所の精神科クリニックにかかります」。私は、怖い父親過ぎたようでした。

ここで私が述べたいことは、面接室にいる限り私たちは、語られることが現実なのか、それとも空想（想像物）なのかを識別できるはずがないということです。私たちにわかるのは、その人がこころの何に苦しんでいるのかというこころの事実だけなのです。

心的事実

精神分析や心理療法が追求する、その主体にとっての自己と対象世界についての理解というところから見るなら、私たちが、現実／外的事実か空想かを識別しようという考え方そのものがナンセンスなのです。

フロイトの歴史

フロイト（Freud, S.）がヒステリーの症状を空想の産物として同定したときでさえ、その空想は外的な事実の存在を引き金としていることに彼は気づいていました。人間が抱くあらゆる空想は、（絵や映画、小説、話等を見聞きしたところで知覚されたものを含む）外的事実／現実の出来事に何らかの形で拠っています。ずっと昔から天国や極楽、地獄を描いた絵や文がありますが、それらは間違いなくそれを描いたり書いたりした当時の人々の現実生活に基づいていて、まったく見聞したこともないものが描かれていることは決してありません。

また同様に、外的事実には何らかの空想が付加されています。誰であれ、外的事実を知覚すると同時にこころが刺激され、こころに発生した連想の陰翳がその知覚に無意識に附着します。見たもの、聞いたもの、触れたものそのものだけでは終わりません。

精神病者において〝妄想〟と私たちが同定する重篤な病理思考でさえ、何らかの外的事実がそこに含まれているのは周知のことです。フロイトの精神病症例「シュレーバー・ケース」にみられた迫害してくる神妄想の原型が、小児期にシュレーバーが体験した、子どもを矯正器具で厳格に管理した父親の姿にあったことは今日よく知られています（たとえばSchatzman, 1973. この父親が創作した体操が、わが国のラジオ体操の原型とも言われています）。

二つの視点のズレ

ですから面接室の私たちは、外的事実／現実か空想かではなく、それをその人の心的事実として受け取ることが、もっとも正確で可能な対応なのです。つまり、それに現実要素が多かろうと、空想的要素が多いようであろうと、その人にとっての現在の主観的事実ということです。客観的には、語られていることはその人が今抱いている世界観からの描写ということです。

私たちが精神分析臨床家として働いているのなら、それでよいはずです。実際にはこのとき私たちは私たちを二つに分けて対応します。一つは、そのアナライザンドの語るところを心的事実として、そのまま受け容れていきます。もう一つは、私たちが自分なりに築いてきた現実と空想というものについての範疇（私たちの個人的常識）と、アナライザンドの語るところを照らしています。この二つのこころの働きがもち込んでくるずれに、そのアナライザンドを理解するための大きなヒントがあります。言わば、〝この人がこう体験しているところを、私はこう感じ考えている。何があって、このちがいがあるのだろうか〟という疑問です。

たとえば、あるアナライザンドは同居している母親がいつ病気で死んでしまうかと不安で、たえず様子を確かめ、それでもびくびくしていることを語ります。聴いている私は、彼女のその不安の感覚をそのまま味わおうとしていくとともに、聴いている限り母親には致死的な病はないようだが、とも思ったりします。そしてこのずれによって注目されることになった彼／彼女の感情や思考の性質を探究することが、そのアナライザンドのこころのありようについての理解をもたらしてくれるのです。

臨床で出来事

ところが私たちがこのように考えるとしても、そこから問題が吹き出てくるのが私たちの臨床なのです。それでは、何が起こるのでしょうか。

さきほどあげた例のようにアナライザンド、クライエントはある症状、苦悩を顕わにしています。そこでは苦悩にまつわる喪の悲哀の仕事（抑うつ態勢）は好まれません。そうではなく、その苦痛の只中で彼／彼女は、何がその苦痛を引き起こしているのかに思いを巡らさないではおれません。おおよそそれは、（かつて、あるいは今の）外的現実での問題——たとえば、子ども時代のある出来事、現在の親や友人との関係、もしくは職場の人間関係等——として、考え始められます。しかしその原因論はその当人にも不確かであることがあります。あるいは当人は確信しても、周囲の人たちは十分同意しないこともあります。こうして思い起こされた事態は安心をもたらさず、こころの苦痛は続きます。しかし苦痛はなんとしてでも早く取り除きたいものです。そこでその手段として、誰かが今の苦しみを引き起こしたとの外的現実を承認され確定したいとの欲求が高まり、切迫して面接の中にもち込まれるのです。

すなわち、ここに起こっている事態は、そのアナライザンド／クライエントが今のこころの苦痛に耐えられないという思いを伝えているとのことです。そしてその苦痛が、まわりの私たちに正当に受け取られるのかについて彼がいたく不安であることを伝えています。

このように、外的事実か空想かを識別したいと問題視する態度そのものが、彼の苦悩と葛藤を代弁しているのです。そもそも、それが外的事実か、それとも思い込みなのかを面接において臨床家が判別できると思うのは、魚屋に行ってシーラカンス類の古代魚の種類や特徴を教えてもらおうとすること同様に非現実的な態度でしょう。魚屋は今市場に出てきている魚しか知りませんし、私たちも今目の前にいる彼／彼女しか知りません。ですから空想か現実かの判断に私たちがこだわったままであることは、アナライザンドがもち込んだ考えにからめとられていることなのです。つまり、私たちの本来の業務を逸脱していることです。彼らの問題視する視点にこそ、私たちは好奇心を向けねばなりません。

私たちに得られる外的事実

面接室での事実／現実

それでは、私たちに得られる現実／外的事実はあるのでしょうか。アナライザンドと私たちがともに得られる確実な外的事実は、そのとき——面接時間内に、その場——面接室で共有される事物のみでしょう。ですから私たちは、面接の中でそのとき確かめられる外的事実——たとえば、アナライザンドが五分遅れてきている、涙を流している、重たい話し方をしている、分析家が咳き込んでいる——をその場でそのとき分ち合う必要があり、それが何かを見てみる必要があるのです。

しかしそれらさえも、そのときが終わってしまうと、それが過去になってしまうと、わからなくなってしまいます。まして、すぐに消え去ってしまう、そこでの発言はたやすくわからなくなってしまいます。アナライザンドのある発言をすぐ後で確認しようとすると、「そんなことは言っていません」との返事に出会うのは稀ではありません。

ジャガイモは唄われない

「現実は知られている、あるいは、知られうるという信念は誤っている。なぜなら、現実はそれ自体を知られうるようにするものではないからである。現実を知ることは、ジャガイモを唄うことが不可能であるのと同じ理由から不可能である。ジャガイモは成長したり、抜かれたり、食べられたりはするだろうが唄われはしない。現象は知られるが、現実は成られる」(Bion, 1965)

実際、精神分析臨床において私たちがセッションで共有していない、アナライザンドの外的事実を識別するということとは、精神分析過程を通してアナライザンド自身が心的事実の中の外界現実と空想を仕分けしていきますが、私たちはそれについていくだけのことです。その結果、私たちは――前述した二つのこころの場合と同様に――外的事実／現実について、二つの見解を得ます。

一つは、アナライザンドが識別をなし遂げた結果であり、もう一つは、それについていく私たちの中でなされてきた識別で同定された事実です。それらはかなり共通であることもありますが、まったく異なることもあるのです。いずれにしても、この二つは精神分析の終結時においても、私たちの中に並行して置かれたままに終わります。わからないものはわからないままなのです。このところが、ときに似ていると揶揄される、シャーロック・ホームズといった探偵小説とはまったく異なるところです。そもそも私たちは、その人を知る作業をその人自身としてきたのであって、その彼にかかわる外的事実を知ろうとしてきたのではありません。

おわりに

語られていることは、現実か空想かを識別するという主題をなすものではなく、そのアナライザンドの心的事実として尊重し聴いていくのが、精神分析臨床家にまず求められる流儀なのでしょう。もちろんそれと同時に、私たち自身の中では現実と空想についての私たち自身の見解をもちます。しかし、その見解は私たちのこころに抱かれるだけのものであり、それを現実として提示することにはきわめて慎重であること、このことも私たちは知っているはずです。

第6講

現実の提示は有用か：技法上の問題

はじめに

人間についての真実を伝える、私の大好きな逸話をご披露することから始めましょう。これはビオンとの討論（一九七六）である参加者がビオンに語ったものです。

かつて私はある男と面接していました。その会話で私は、「あなたは大学に行かないほうがよい」と言いました。私は彼に、その理由すべてを伝えました。こうして彼は帰りました。二年後私はアリゾナの人里離れた町をドライブしていました。そこでコーヒーショップに立ち寄りました。突然、この男が入ってきて、私と握手したあと言いました：「あなたが私に話してくれたことで、あなたには大変感謝しています」。「あなたの助けになるようなどんなことを私は言いましたか」と私は尋ねました。「あなたは、私に大学に行くように言いました」。

人は聞いてなんかいないのです。治療者の役割というのは、ある意味で、そこにあるということです。おそらくあなた［ビオンのこと］は、この人のパターンは何だろうかとあまりに一所懸命に解明しようとするので、あなたの前で彼はゆっくり考える機会を得るのです。

この参加者のビオンに対しての見解はともかく、彼とクライエントのやり取りは、私には何回読んでも面白くてたまらないものです。この参加者は治療者としてクライエントに現実的アドバイスを積極的にしていますｰ。そのアドバイスを裏づける理由すべて――まずもってこのクライエントにかかわる現実的なことがらでしょう――も伝えました。平たく言えば、「あなたの現実はこれこれだから、大学を辞めなさい」と言ったのでしょう。おそらく彼は治療者として誠意を持って現実を提示したにちがいありません。なぜならクライエントは二年後にあからさまな感謝を表わしているからです。しかしその誠意に対して、クライエントは人間一般に典型的な反応をしました。誠意には感謝しましたが、彼によって伝えられた、望まない内容は素通りしていたのです。

人は聞きたいことを聞き、見たいものを見るのです。いろいろな人にアドバイスを求めて回るのは、聞きたい答えを語ってくれる人をその人が捜しているからなのです。その答えが現実的か否かは問題にされません。しかしそれでも人のこころを研究する臨床心理学においても、精神分析や心理療法で治療者が積極的に現実を提示することの有意義さがたびたび主張されてきました。この問題を検討してみましょう。

現実と空想の仕分け

技法問題の前提：アナライザンドはどのようにして現実を認識するのか

これは技法上の問題です。それは、治療者が前述したビオン・セミナーの参加者のように、日常的なやり方で積極的に現実を提示するという技法が有用かとの問いでもありますし、治療者自身を「リアル・パーソンとして提示する」という技法にもかかわります。しかしそれらの技法を議論のターゲットにする前に、その前提を検討する必要があるようです。それは、アナライザンドはどのようにしてみずからにかかわる現実と空想を仕分けするのかということです。私たちの精神分析臨床の実践にかかわる、とても大きなポイントがここに見出されます。そしてこのことは、精神分析臨床を実践して初めてわかることなのです。

それは、臨床家にいわば日常的なやり方で積極的に現実を現実として提示され、アナライザンドがそれをそのまま現実と受け取ることで成し遂げられるのではありません。実際は、その逆です。それは、アナライザンド本人によって、空想が空想とはっきりと認識されることによって成し遂げられるのです。つまり空想がそれとして識別され、その輪郭が確実に押えられたときに初めて、それとは明らかに色合いの違うものとして外的事実／現実がはっきりと姿を表わすのです。臨床家がなす特異な〝現実の投与〟である解釈がアナライザンドの現実認識に有効に働くとするなら、それは彼／彼女にこの動きがまさに生じてきているときなのです。このことはとりわけ、中核的な葛藤に密着している空想についてあてはまります。

臨床イラストレーション

ある女性アナライザンドは、母親を慈悲溢れる完璧で素晴らしい女性として理想化していました。それは同時に、母親は厳格で怖い人でもあることでした。それは分析の中で私に転移されました。私も慈悲溢れる完璧で素晴らしい分析家として理想化され、また怖れられていました。分析過程では私の足らないところ──たとえば、彼女の感謝への私の反応が鈍い──に彼女は気がつくこともあり、そのとき私も「そうですね」と彼女の気づきを肯定しました──つまり、私の現実を提示しました──が、それは（私に何か事情があった例外的な反応なのだという考えや、私は本来きちんと反応できるのだとの考えにより）彼女によって即座に否認されました。こうして私についての理想化された空想は保持され続けました。しかしある一件、それは偶然に起こったことでしたが、それが事態を動かしました。

あるセッションの終了後彼女は支払いを忘れ、そのまま帰ろうとしました。当然ながらそこで私は支払いを請求しました。彼女は自分の落ち度に驚くとともに、きちんと請求した私に感謝しました。だが、このことの余波はそれほど単純なものではありませんでした。私への疑念が生じ、彼女にとってひどく苦しいことに、もはや私が理想的な慈愛の人であると彼女には思えなくなってしまいました。もはやそれが空想であるとのことが認識されたのでした。

そこに現れたのは、私がお金のためだけに彼女と会っている卑しい私という新たな「現実」でした。彼女はこの現実をはねのけようと必死で試みました。彼女は私を探り、私という人間の現実が厳しく試されました。私は私の現実生活をできる限り提示しないように努めました。もちろん私は、お金のために会っていることも、慈愛だけで会っていることも、否定も肯定もしませんでした。

その結果、卑しい私という現実は、彼女自身によってそれが空想であると認められました。こうしてこの後彼女は、専門職の精神分析家として私が彼女と会い続けているとの私の現実をはっきり認めることができたのでした。実際とうの昔に彼女はどこかで、私が仕事として彼女と会っているとの現実を知ってはいました。しかし転移していた理想化の空想にはまったくかなわないものだったのでした。

この後しばらくして母親についても、理想的に完璧な母親という空想が放棄され、そもそも存在していた不安に動揺する弱い母親という現実の姿が彼女に見えてきました。彼女は理想化された母親という空想を失うことをひどく悲しみましたが、その現実を受け入れ、それまでになかった安心を得ました。

そしてこの現実の認識は、過去、つまり彼女の子ども時代の出来事についての見方を大きく変えました。〝母親は正当に厳しく怖い、なぜなら私がきちんとしていないからである〟というもともとの彼女の見方が、〝母親はあまり不安が強かったために、安心したくて自分に厳しかったのであって、自分が駄目だったわけではない〟とちがったものになったのです。かつての出来事そのものは、おおまかにはそのままでしたが、しかし細部についてはちがう側面が見え始め、体験の意味はすっかり変わりました。

臨床例の考察

彼女は私を、理想的に素晴らしいと思いたかったのでした。彼女には、それが私の現実だったのです。ですから別の現実――私の愛想のなさや落ち度――が彼女の眼に入っても、それらは直ちに無視されるか修正されました。その結果、私は素晴らしい慈愛の人というのが、彼女にとって私の現実でした。その現実の裂け目は、彼女がそれらの防衛を作動させられなかった偶然の彼女の落ち度――支払いを忘れたこと――から現われました。

こうして素晴らしい姿の対極にある卑しい私という、潜在していた現実がもはや覆い隠せなくなりました。彼女はなんとか理想化に戻ろうとするとともに、私がほんとうに卑しいことも確認しようとしました。そしてそのどちらもが現実ではないことを知ったことで、専門職業人としての私が、金銭を受け取り彼女と誠意をもって会っていることを理解したのでした。

それでは彼女の追及に対して、もし私が「私はお金のために会っています」と答えたらどうでしょう。彼女は私を卑しい人物と見て、治療を中止したでしょう。一方私が「私はお金のために会っているのではありません。人としての慈愛からあなたと会っています」と答えたらどうでしょう。彼女は満足し、私は理想的な人であり続けたでしょう。これらの私の答えはどちらも積極的な私の現実提示です。私はお金を得ようとしていますし、慈愛の気持ちもあります。しかしどちらも部分的な現実にすぎません。現実提示として偏ったものです。もし私がこれらの仕方で積極的に、選り出した現実を提示するとしたなら、それは（私を部分対象と見ている）転移にからめとられた逆転移からの反応にちがいありません。つまり私は、彼女の転移空想の中で現実を示しているのです。それは詰まるところ、彼女の空想世界の中で私が〝現実です〟と主張をしているにすぎない、空想に組み込まれるものなのです。ちょうど夢の中で、〝目覚めている〟と主張していることと同じようにです。

それでは私が「私はお金のために会っていますし、慈愛の気持ちもあります」と伝えるのはどうでしょうか。これなら私は、自分自身を全体対象として提示しています。理論上は、治療者として適切な応答のようです。しかしここで私の現実提示を受け取るコンテイナーである彼女のこころを考慮してみるなら、それが適切ではなかろうことがわかります。彼女のこころには、前概念として、〝松木は卑しい〟か〝松木は慈愛の人である〟のどちらかしかもち合わせていません。ですから私のここでの提示はそのどちらか一方によって飽和され、卑しい、もしくは慈愛の人のどちらかに組み込まれるでしょう。あるいは飽和されず、彼女には意味をもたない発言になるだけなのです。

前概念

ここに追加しておきたいことがあります。それは、アナライザンドがこころにどのような前概念をもっているかを精査する作業は、精神分析的な視点とアプローチがなければこうした前提の認識さえできないことです。呑気な正常心理学の住人のままです。

あるクライエントは妊娠中絶した罪悪感に苦しんでいました。彼女は、自分は人殺しの許されない卑しい人間であると自責を続けました。涙を流し苦悶しました。それを聴いていた年配の女性の面接者は、彼女を憐れに思い、罪悪感を何とか軽くしてあげたいと思いました。「私は中絶したことであなたを責めないし、中絶は悪いことではない」と保証しました。しかしこの女性はさらに自分を責め続けました。ついに思い余った面接者は、「私もかつて妊娠中絶をして罪悪感に苦しみました。しかし今では、自分を責めなくてよいと思っています」と自己開示しました。面接者の現実を積極的に伝えました。そうしたところ、そのクライエントは「私と同類の卑しいあなたには面接者の資格はない」と内心でその面接者への嫌悪を強烈に感じ、その面接を中断しました（この話は、あるスーパーバイジーが提示したケースが過去の治療での出来事として語ったものです）。

ここでの面接者はあまりに正常心理の発想にあったのです。伝えることがそのままに受け取られ、同じ苦しみのクライエントは誠意をみせた自分の側に立ち、罪悪感は和らげられると信じていました。しかし実際には彼女は超自我対象の側に立ち、面接者を蔑みました。このクライエントがこころに抱いている前概念の性質はどんなものなのかが吟味できていないのです。それは、面接者の願望どおりには実感されません。

分析技法上の問題

ストレイチーの見解

すでに精神分析技法上の問題に入ってしまいました。分析臨床家の現実提示はどのようであることなのかとの問いには、ずっと昔にストレイチー（Strachey, 1934）が答えています。

「逆説的なのであるが、患者の自我が空想か現実かを識別できることを確実にする最善の方策は、可能な限り患者に現実を差し出さないことにある。しかし、これが真実なのである。……中略……現実が最小限の量に管理されるときにのみ、患者は現実と折り合いをつけられるだろう。そして、これらの現実の量とは、分析家が解釈という形式で患者に与えるものなのである」。ちなみに、ここでストレイチーの言う解釈とは、転移解釈です。

治療者は明白な事実／現実を日常会話のように普通に投与しているつもりでも、それはアナライザンドの空想に即座に取り込まれてしまいます。

別の例を提示してみましょう。

あるセッションで、私はひどく咳き込みました。それは、私が何か重い病気を患っていてやがて死んでいなくなるのではないかとの転移的空想を裏づける材料としてアナライザンドに受け止められました。しかしそこで彼は気持ちを建て直し、「先生はちょっと風邪を引きかけているのかもしれませんね」と言いました。

ちょっと間を置いて、私は「そうかもしれません」と答えました。その可能性はありました。ところが彼は、この答えを私が重い病気の事実を隠そうとしてこのように答えたと思ったのでした。この頃彼は、私が重い病気に罹り死んでしまうことを空想していました。

繰り返しますが、私たちが現実を日常的なやり方で積極的に提示する、もしくはリアル・パーソンとして振る舞うとしても——後者はとくに大量の現実の投与でしょうが——それをどう受け止めるかは、アナライザンド次第なのです。そしてもともとの中核的な空想がこころの首座を占めている以上、私たちの提示物は何であろうと、その空想の中に収められるのです。

転移を扱うこと

私たちが転移を取り扱う意義はここにあります。転移のワークスルー——彼／彼女が臨床家という対象に誰を見ていて、何を為していたのかを十分認識すること——によって、空想が空想としてアナライザンドにはっきり同定されます。こうして空想が見え、その空想の輪郭が意識的に見えてくるおかげで、現実が認識されるのです。けれどもこの転移のワークスルーがかなりなされた後でも、私たちが多量に現実を投与するなら、たやすく空想に組み込まれてしまいます。精神分析臨床家であることは、このことを認識していることであると私は思います。

おわりに

以下の事実は、心理面接にかかわるたいていの人が認識していることではないかと思います。それは、私たちの面接に来る人たちの多くは、すでに苦悩や苦痛を身近な誰か、たとえば家族や友人、先輩、ときには専門家に相談していて、そこでは多くの現実的なアドバイスや現実提示を積極的に受けており、しかしそれでも何かがうまくいかなくて私たちのところにやってきているとのことです。あるいは、もし誰にも相談していないのなら、それほどに人への怖れや不信にまつわる空想が優勢なのです。

このことを認識しているのなら、積極的に現実を提示することの有用性を、当然私たちは熟考するにちがいありません。もしそれでもさっさと現実提示をおこなうのなら、それは、それまでの他の人たちとはちがう、自分は「例外人である」という面接者の万能的自己愛がそれを引き起こしているのかもしれません。もしくは、アナライザンドが願望する救世主に逆同一化しているのかもしれません。

第7講　分析と統合

不思議なこと

精神分析に向けられる非難の一つに、「精神分析は分析だけして統合をしない」というものがあります。この発言からは、機械を分解してばらばらにするだけしておいて、そのまま後は放っておくといったイメージが湧いてきます。確かにそのイメージからとらえるなら、それはけしからんことで、ほとんど子どものすることです。そんな風なことを精神分析はやっているのだと言うのです。実際精神分析家の中にもこの考え方――精神分析は分析しかしない――を支持する人たちがいて、たとえば「治療の本質はやはり精神統合に見出されるべき」(岡野、二〇〇六)と言います（余談ですが、この文章が収められている書物は不思議な本で、第三章までは、です・ます調で、第四章からは俄然、である調に変わります。ひょっとしたら、ここには統合が必要なのではないでしょうか)。

私には、この発想自体がとても不思議なのです。というのは、それはまるで非難の対象である精神分析の臨床もしくは分析過程の実際を知らないかのようだからです。しかしこの問題は、精神分析とは何かを考えていく格好の入り口になります。そこで今回は、この精神分析での統合――一見、パラドキシカルな響きです――を扱っていきましょう。

フロイトの発言

精神分析での分析と統合についてはフロイトも、論文「精神分析療法への道」(Freud, 1919) の前半部分で取り上げています。少し長くなりますが、ここに引用してみます。

「医学上の精神分析的な操作活動を化学操作と比較することは正しいが、ここからわれわれの治療法が、今後どんな方向をとるべきかについての示唆が得られるであろう。われわれが患者を分析したということは、つまり患者の精神活動をその要素的な構成成分に分解し、彼の内にあるこれらの本能要素を一つ一つ、切り離して指摘したということである。それならばわれわれは、患者がそれらの要素を新たに、もっと良く組立てるのを助けなければならないと要求するのは当然なことではなかろうか。諸君も御承知の通り、実際そういう要求が掲げられたのである。われわれは聞かされた――病める精神生活の分析の後に続くものはその綜合でなければならぬ!、と。ほどなくそこへ、今度はわれわれが分析にあまりにも多くを費やし過ぎ、綜合に力を用いることが少なすぎるのではあるまいかという危惧が結びつくようになった。これは精神療法の及ぼす効果の重点を、この綜合の方に、いわば生体解剖によって分解されてしまったものを何らかの方法で再建設するという仕事の方に移そうという努力である」。

ここでは綜合ということばが使われていますが、synthesis ですので統合と言い換えても何ら不都合はないでしょう。この綜合／統合を主張する見解へのフロイトの返答はきわめて簡明です。彼はずばり、「このような命題は、無考えな決まり文句である」と言います。つまり統合とか言う人は、ほんとうには何も考えていないというのです。

続いて次のことを控えめな表現として言います：「それは、ただ一つの特徴に関する（化学操作との）比較を、実態を無視して拡張し過ぎたものにすぎない」。ここでフロイトは、批判者が分析というメタファー（隠喩）表現をただ具体的に受け取ってしまっているとのことを指摘しているのです。さらにそれだけではなく、精神分析の作業の質を理解できていないことも指摘しています。

私にはまったくその通りに思えます。しかし、フロイトがこのように明確に述べたにもかかわらず、統合がなされていないと言う人たちが今日にもいるのです。その人たちは、精神分析は文字通りに精神を分析していると思っているのでしょう。では実際のところ、私たちは文字どおりの分析をおこなっているのでしょうか。

精神分析が為していること

「精神分析療法の道」でフロイトは「分析」であるところを次のように言っています。

「一つの重要な点において類似する……（中略）……われわれはそこでこの高度に複雑化した精神的な形成物のあり方を理解することを患者に教えてやり、症状については、それをひき起こす源泉となっている本能の動きまで遡ってつきとめ、これらの症状の中の、患者がそれまで知らずにいた本能的な動機を指摘するのである。これはちょうど、化学者が塩類の中で他の元素と結びついて見分けられなくなっている化学元素を塩類の中から分離・抽出するのと同じようなことである」。

化学分析との類似、化学分析というメタファーを用いて、このようにフロイトは精神分析での作業の一部を述べました。それは一部に該当することであって、精神分析という臨床作業すべてにあてはまるものではありません。

ここで注目していただきたいのは、患者に教える、指摘するとフロイトが著していることです。精神のある要素を「分離・抽出」するだけでなく、それを伝え、その患者当人が「理解すること」、いわゆる洞察することが精神分析が目指していることなのです。この点に関しては、精神分析を実践している臨床家には異論はないでしょう。またこれこそが、精神分析でのより重要な作業であることも認められるであろうと思います。

そこで次に私は、精神分析が為していることについての私流の見解を述べてみたいと思います。

私たちは精神分析セッションが積み重ねられる精神分析の過程において、アナライザンドの語ることから、彼／彼女の無意識の重要な思考や感情、空想を理解しようと耳を傾けます。またそこには転移—逆転移という関係性も活動しており、それに基づく非言語的な思いも体験し理解していきます。そして理解できたことを私たちは、解釈としてアナライザンドが受け取れそうなときに受け取れそうな形で伝えます。このとき私たちの解釈の方法には、ある部分を切り離して抽出するやり方（すなわち、分割方式）と、別々に置かれているものをつなぐやり方（すなわち、連結方式）があります。いずれにしても、その解釈を受け容れるか否かは、アナライザンド次第です。それを受け容れるとき、アナライザンドは自分だけでは気づけなかった自分自身にまつわる事実を認知し、自分のこころに置きます。

ときには一つの解釈によって飽和され、新しい気づきが生まれることもありますが、多くの場合、解釈が積み重ねられ、それがアナライザンドの中で〝選択された事実〟の認識という臨界点に達したとき、新たな考えと視点が生み出され、この視点からそれまで得られていた事実、自分のこころを含めたものごとを展望できるようになります。それは既得されていたそれらのことがらにそれまでとまったく異なる意味を与えます。いわば世界観や人間観が変わるのです。それが、彼自身ではパーソナリティの変容という形をとるのです。

ここまで読まれておわかりのように、私の述べていることにはどこにも分析はありません。いわば精神—

理解です。分析ということばがあてはまる部分があるとするなら、それはアナライザンドの語ることを細かく聞き分け、中核となる感情や思考、空想を同定し、切り離して提示する解釈（分割方式の解釈）を為すところでしょう。ですからこれとて、精神－分析とは言わずに、精神－探究と呼んでよいのかもしれません。また、つなぐ解釈（連結方式の解釈）もおこないますが、それは〝選択された事実〟の仮の提示です。いずれにしても、統合という発想はここには必要ありません。

意識化されたものの行く末

それでは実際の精神分析臨床から、私の意図したところを描き出してみましょう。

メニエール病、胃潰瘍、狭心症、発作性頻脈、発熱、顔面神経麻痺等のさまざまな身体症状に苦しんでいたある中年女性とは、週に一回の精神分析的心理療法をおこなっていました。

その初めの頃彼女は、ある歯科医に治療を受けているが、彼女の訴えにその歯科医が耳を貸さないことを語りました。私はその話の文脈から、私が耳を貸さないことが怖れられていると転移解釈しました。彼女はそれを肯定しましたが、それでも彼女の苦しみは私には理解されていないと力説しました。彼女を理解しようと私が思うのなら、時間を延長してでも私が話を聞くべきだと主張しました。しかし私は定めた時間を維持しました。ですから彼女には、私は理解する気のない冷たい治療者でした。

彼女は私から理解されず、ひとりで放置され、苦しみをひとりで抱えるしかなかったのでした。私は、私が理解した私とのその際立った体験を解釈として伝えました。やがて彼女は、夫との関係も夫が家を出て行き、彼女はひとり放置され、ひとりで家庭を抱えて苦しんでいることを語りました。「生きている意味がない。何もどうにもならない」と嘆きながら、彼女は周りの人たちの世話に没頭し、みずからを限界まで疲弊させていました。過ぎた償いでした。

こうした彼女の語りに耳を傾け転移を体験している私の中には、「彼女は、訴えるつらさがわかってもらえずに放置され、ひとりで苦しみを抱え込み続けるだけである」との意識されていない考え／空想を抱いているとのことが明瞭に形をなしてきました。そしてそこには「自分が悪いから、苦しみを抱えるのだ」という無意識の罪悪感と懲罰感覚が根底にあることが理解されました。私は転移関係を解釈し続けながら、この心理療法を続けました。そしてその内容に応じて、上述した無意識の空想の部分部分や感情を、機会を得ては解釈していきました。

こうした治療経過において、際立った三つのエピソードが語られていきました。

その一つは、彼女が一八歳のとき父親は癌で死にましたが、他の家族と違い、熱心に看病したにもかかわらず、彼女は強い罪悪感を味わったことでした。

もう一つは以下のことでした。ほんの幼児の頃から彼女は強い倦怠感やお腹の痛みに苦しみ、それを訴えました。だが近医では原因がわからず、彼女は「わけもなくむずがって駄々をこねる厄介な子である」と、母親を始め周りの人たちからとがめられ続けました。その三年後に彼女のお腹が膨らみ、気を失うようにもなったため、ようやく受けた専門医の診察で結核性腹膜炎であることが判明しました。それから彼女は長期の入院治療を受けたのでした。その彼女に母親は「病はあなたの業（ごう）だ」と言い続けました。彼女は「私は母親に自分の業を押し付けて苦しめる、いらない子だった」と感じていました。

三番目のエピソードは次のものです。二歳の頃、誰か大人に砂浜から沖に連れて行かれ、突然に「見離すよ」と言われたという、いわれなき脅かしと恐怖の体験でした。

これらのエピソードは、まったく別々に語られていました。

その後の展開において治療の中断が主題となった私との間での転移体験を通して、彼女は「私は母親を苦しめるだけの母親にはいらない子なのだ」という絶望感と罪悪感が彼女の苦しみの中核にあることを意識化できたのでした。それは、私が彼女を「いらない子」として扱っているのではないとのことを彼女が発見したことに照らし返されたものでした。

こうして私は、その絶望感や罪悪感を取り上げていくことができるようになりました。そこで私たちは、その絶望感と沖に連れて行かれたエピソードの恐怖と絶望感を結びつけることができました。

その次に彼女は、周りの人たちの世話や死の床にあった父親への献身が偽善であるとの罪悪感に苦しんでいることを語りました。今や彼女は私と共に、みずからの抱える絶望感と罪悪感に眼を向けられるようになったのでした。この過程で彼女は、すでに知っていた二つの事実をつなぎ、そこにまったく新たな意味を見出しました。

一つは幼い頃の結核性腹膜炎のエピソードにまつわるものでした。もう一つの既知の事実とは、母親自身が肺結核を患っていたことでした。この二つが初めて彼女の中で結びつき、彼女の病気の原因は、そもそも母親が肺結核であったために幼い彼女がそれに感染したと認識することがまったく妥当であると思い至ったのでした。それは彼女の「業」ではなかったのです。彼女が抱えていた「悪いいらない子」空想／考えは、母親の発想に基づいたものでした。それは、押し付けられた罪悪感、迫害的罪悪感であると彼女は知りました。もはやそうした性質の罪悪感を抱く必要がないことに思い至りました。

そしてそれは第一のエピソード、死の床の父親への罪悪感を見直す機会をもたらしました。彼女は学校とアルバイトでとても忙しかったのですが、母親や妹が見舞いになかなか行かないので私は行こうと考え、かなり無理をして時間を作っては父親の世話に通っていたのでした。ある日彼女が訪れたとき、父親は眠っていました。彼女はベッドサイドに就いていましたが、お昼を食べていなかった空腹のあまりに、そこに置いてあったものを食べました。その最中に父親が目を醒まし、彼女に「お前は物を食べたくて自分のところに来ているのか」と彼女をなじりました。彼女は何も弁解をせず、食べていた自分を責めました。それは、日々の生活の苦しさは理解されず、欲深い自分が悪いから非難されるという罪悪感の体験そのものだったのでした。

ここにもまた、迫害的な罪悪感があったことが彼女に理解されました。すなわち彼女は、押し付けられた迫害的な罪悪感の視点から、自分を責め、絶望し、償いをしないではおれなかったとのことをはっきり認識するとともに、その視点は彼女の本来のものではないと実感しました。こうして彼女はその罪悪感や償いの行為からみずからを解放し始め、無理をせず自分のために為し楽しむことを自分に許し始めました。

彼女は、抱いていた考え／空想の不合理性に気がつき、現在や過去の生活での事実の意味を新たに見出したのでした。その結果、現実的な視点から、それまで無意識に置かれていた部分を含めて自分の人生を理解し直し、生き始めることができてきたのでした。

私はその都度の私の理解を解釈として彼女に伝えました。ただ、それらを選択して実感を持って連結させていったのは彼女自身でした。だからこそ、それは彼女の洞察になったのです。私は彼女の別個の体験を連結する解釈――選択された事実を示す解釈――もしました。それは、統合をうながす作業と言えそうかもしれません。しかし大事なことは、そのつながりの解釈を彼女が形の上では受け容れたとしても、ほんとうに彼女が実感していないなら、それは知的理解、すなわち統合されない、つぎはぎの知識が増えるにすぎないとのことです。洞察、すなわち新しい意味の発生は起こらないのです。それは、彼女自身が実感することで初めて達成されたのです。ここに認識されるべきことは、統合が必要であるとしても、そのための選択と連結は彼女自身がなすものであるとのことなのです。

精神分析体験が私たちに教えてくれるのは、このことです。この意味からも、統合は分析家が先導してうながすことではなく、提示することはあっても、本来アナライザンドに任せることなのです。そしてそもそも治療者が統合しなくても、精神分析関係の中でアナライザンド自身が統合しようとするこころの動きを作動させるのです。

それは、私たちは誰でも何らかの体験をしたり何かに気がついたときに、私たちがほどほどに清明な意識状態にあるなら、その知覚されたものを私たちの既成の世界観に照らし、その中に組み込もうとするからなのです。この動きが、私たちがものごとを新たに認識し必要な判断を下すためになす、こころの元来の働きなのです。バラバラに断片化した考えにしたままでは生きていけないことは、統合失調症者が見せてくれています。彼らこそ、バラバラな思考状態の恐怖を生で体験しているのです。ゆえに強引な統合の動きが彼らにも起こります。こうして彼らの場合は、妄想形成になるのです。

ですから精神分析において、私たちは統合しようとする必要はありません。私たちが理解した、アナライザンドが意識できていない部分を提示することで十分なのです。それらをどうつなぐか、それはアナライザンドに委ねられるのです。彼ら自身が新しい事実を発見し、新しい連結をなしたとき、それがまったく斬新なものなら、それが既成の世界観に照合されたとき、現れた新たな視点に基づき世界観のパラダイム変換が起こります。こうして既成の世界観が変わりますが、バラバラにとどまることはありません。

自然治癒論

これから今回の主題に関連する考えとして、「自然治癒」という考え方を検討してみましょう。これはおもに統合派ではない人たちが使う用語です。

「あとは自然治癒力に委ねる」といった表現がされます。治癒という言葉を使うこの表現が、医学モデルからのものであることには誰も異論はないでしょう。そしてこの表現は、それを語る人を敬虔な人だと感じさせるものを持っています。治る手柄を独り占めにしようとしない奥ゆかしさが含まれているようだからです。実はそこに、自然治癒力の前身としての〝全能の神の手に委ねる〟という伝統的な神秘的な思想が裏打ちされているとのことは無関係ではないでしょう。科学としての医学も、肝心な治療の完成は神に道を譲るのです。このように、自然治癒を主唱する人たちは、（神の力をもって達成する）潜在的な統合派であることがわかります。

しかし、こころに自然治癒ということばはあてはまるでしょうか。こころに自然治癒力があるのでしょうか。それは〝こころの病気（と自然治癒）〟と、こころに病気ということばを付け加えるなら、とても円滑に響きます。けれども科学的に言うなら、脳は病気になりますが、こころは病気にはなりません。わかりきったことですが、脳には病気を引き起こす生理の異常、すなわち病理が何らかの形で発生しえますが、こころにはそれは起こりません。なぜなら、こころには物的な実体がない、ゆえに生理がないからです。

こころの病理、精神病理という用語はメタファーにすぎません。行為や考えや感情を正常と異常を識別したときに、異常な現象を指し示している用語なのです。その意味、こころの病気もメタファーです。それは、想定されるこころの在り様の偏奇、もしくは欠落と言う方が妥当でしょう。そうした病気がないのですから、そこに治癒が発生するはずがありません。まして自然治癒という奇妙な表現が使われる余地はありません。また、自然治癒とされる統合の、こころでの実態は先に述べた通りです。

それではなぜ、自然治癒という医学用語が一部の人たちに好まれるのでしょうか。私にはそれは、その人たちが意識はしていないとしても、やはり自然治癒を好む彼らは統合とか、身体の健康をモデルにした無傷な状態といった〝まとまっていて完全無欠なもの〟という全能的な考えを、こころに関しても抱いているからなのだろうと思います。その統合や無欠を目指していて、その完成に向けてその人が為したことを自然治癒に補完させたいのでしょう。そこには私はやはり、神秘的で万能的な思想を感じます。

精神分析に戻りましょう。精神分析がかかわる対象としているのは、こころであって脳ではありません。ですから、自然治癒は比喩としては使えるかもしれませんが、それをしたり顔で言うのはおかしなことでしょう。こころにおいては、切ったりつなげたりはそれが為す必然的な動きとして起こってくるものなのです。

おわりに

精神分析においては、おそらくそれはもっと広く精神医学を含めたこころの治療の領域においてはということもできるように私には思えますが、その初めの頃に提出された課題が繰り返し出現してきます。治療の短期化、治療者の能動性、現実の外傷、成果の客観的評価など、他にもあります。この統合という課題もその一つです。

その答えは、精神分析の実践の中にあります。いや、そこにしかありません。しかしなぜか、むしろその外でこれらが討論されるようでもあります。不思議なことに私には思われます。

第8講 身だしなみ

はじめに

あなたと初対面である誰かは、あなたがどのような人なのかをどのようにして知るのでしょうか。もしその誰かがあなたに関してまったく何も知らないとしたなら、その人はまず、その場で公けにされているあなたの容姿と身だしなみであなたがどのような人かを思い描くでしょう。

あるとき私は日本精神分析協会の窓口役として、個人分析的心理療法を受けようかと考えている中年女性と私の面接室で会いました。その女性とはメイルでは数回かやり取りしていました。そしてこのとき初めて会ったのでした。話は始まりましたが、その場に漂っている何かがつかえている空気を私は感じていました。そしてふとしたとき、彼女は「もっとたくましい人かと思っていた」と、誰にとはなしにつぶやいたのでした。耳にした私には、分析家について彼女が思い描いていただろう外観たくましい男性像と私が隔たっていることに彼女が失望していることがわかりました。そのため彼女は分析への意欲を落とし、迷い始めていたようでした。私はこのことは取り上げず、そのままにしました。それはこの出会いが精神分析への導入やアセスメントの面接ではなかったからです。その時間は穏やかに終わりのときを迎えました。私の予想通り、その後彼女からは個人分析を求める連絡は入りませんでした。

容姿は基本的に生来のものです。一方、身だしなみはその人がそこに生きている文化を表出しており、その個人の創作物兼構成物という後天的なものです。身繕いによって、容姿さえかなり変わって見えてしまうことがあります。ですから身だしなみは、あなたが誰なのかを他者に公表しているときの大きな要素なのです。私たちがこころの専門職である以上、コミュニケーションでのこの大きな要素を放置することはできません。

それでは私たちは、こころの専門職として私たちの身繕いをどのように考えるとよいのでしょうか。それが今回のテーマです。

精神分析臨床家の身繕い

私が社会的な場面で「あなたは誰ですか」と尋ねられたのなら、私は「精神分析家です」と答えるでしょう。私は私の職業が精神分析家であることを誇りに思っていますし、その専門職にふさわしい言動や身繕いでありたいと思っています。

私が働いているのは「プライベート・プラクティス」と称される私ひとりだけの臨床の場なのですが、精神分析や心理療法場面では、私は必ずネクタイを締めています。それは派手なものでは決してなく、また限られた数の中から選ばれます。シャツは白の無地です。スラックスは比較的カジュアルなものですが、渋めの茶系統の無地を身に付けます。靴は革靴の黒か茶です。指輪やブレスレット等の装飾品は身に付けません。腕時計のみです。また香りのある整髪料の類いは使いません。

こうした私のファッションについて、通常社会人としての渋めの身繕いと私はとらえていますが、それでも個性も出ています。シャツはボタンダウンを着用しますので、それに合うスラックスを選ぶからです。いずれにしても私が身繕いについて自覚していることは、それにおける、ほどよい禁欲です。

こうした私の身だしなみにはモデルがあります。私はある時期ロンドンで過ごしましたが、多くの精神分析家に会いました。彼らの職場であるプライベート・プラクティスの場で彼らに会うと、彼らは必ずネクタイを締め、ジャケットを着ていました。女性の分析家の場合は、落ち着いた色やデザインのブラウスやワンピースを装っていました。化粧は薄く、装飾品はほとんど身に付けられていませんでした。ひとことで言うと、清潔で簡素な印象でした。もちろん自宅で私的に会うときには彼らはずっと自由なくつろいだ服装です。着古して破れたセーター姿の人もいました。ともかく私は彼ら、彼女らの身繕いに、精神分析家としての高い専門職意識と矜持を見ました。

身だしなみには、身繕いに加えて、ヘアースタイルや髪の色、ひげ、香料を含む匂いといったものが含まれます。それらにも私たちの専門性の表出の仕方があるでしょう。

私が個人的に思う好ましくないものに、男性の極度に長い髪や流行の先端のヘアースタイル、不精さを感じさせるひげがあります。このような格好を見かけるのは、文科系大学人の臨床家に多いようです。それはおそらく学生時代の延長として大学に職を得ていて、そのころからの社会的アイデンティティの確立不全が持続しているのです。つまりもともとのモラトリアムが続いていて心理臨床職にアイデンティティを置くことができていないのです。またとてもラフかつ派手な服装、いくらか着崩したような身繕いも、私たちの仕事に好ましいものとは思いません。

女性の場合、強い香りの香水、露出度が高い等セクシュアルなアピールがあからさまな服装、目立つヘアカラーやピアスやネックレス等での派手な装飾、濃い化粧が好ましくないのは、こころの援助職という私たちの専門性から考えて常識的に理解されると思います。一目でわかる高価な時計や高級ブランド品、数珠を身に付けていることも同様です。

私はここまで私が書いてきた身だしなみは、精神分析臨床家に限定したものではなく、広く各種の心理療法家、心理臨床職、ソーシャルワーカー等のこころの援助の専門家に求められるものであると思っています。ところで職場によっては制服がありましょう。それをきちんと着ているのは専門職意識の表われでしょうし、それを着崩しているのは何かの個人的な問題を開示していることなのでしょう。

臨床家にとって身だしなみは何なのか

しかし、ここまで読まれた方の中には、「お前の言うことは、ただ堅苦しいだけではないか。自由な身だしなみが、クライエントも自由にするのだ」と不快に思われている臨床家もおられましょう。そこでこれから続けて、私たちの専門性にとって身だしなみは何なのかを述べていきましょう。

臨床家の姿かたちは、面接構造の構成要素です

すべての心理療法は、面接関係と面接構造の両者から成り立っています。面接関係において私たちは耳を傾け、情緒的にふれあい、私たちのことばを伝えるのですが、そのふたりの関係を抱えているのが面接構造です。この構造には、面接を行う日時、時間、面接室というハード、内装や家具、料金等の固定された外的構造と臨床家の専門的なこころの姿勢という内的構造があります。そして言うまでもなく、臨床家の身繕いも外的構造の重要な一部を構成しているのです。心理療法では面接関係で情緒の大きな攪乱《かくらん》が生じ、その関係が揺れますから、それを抱える面接構造はより安定していることが重要なのです。

面接室や面接の日時、時間が面接者側の都合でたびたび変えられるのなら、それは必ず面接関係に影響をおよぼしその関係は不安定になります（あるいは、強力な鈍感さでまったく影響がないかのように対処されます）。同じように面接者の身繕いが始終変わっているのは、面接構造を臨床家自身で攪乱《かくらん》し続けているこ

となのです。もしそれが起こっているのなら、その面接者に専門職意識が欠けていることを伝えています。

精神分析家のパトリック・ケースメントさんが教えてくれた面白い逸話を紹介しましょう。

臨床を始めてまだ初めのころ、彼はある男性臨床家にスーパービジョンをしていました。その男性臨床家は、スーパービジョンに提示された女性ケースと会う日には、時間をかけて注意深くネクタイを選んでいることを語りました。それはその女性と会うために特別に彼がネクタイを選んでいるという面接者の逆転移の何かを明らかに示しているとケースメントさんは感じました。そこでケースメントさんは自分自身を省みて考えました。そして、クライエントが面接者はどうしてそのネクタイだったりあのネクタイだったりするのかと思わないでよいようにしたいと思いました。そこで彼は、いつも同じネクタイを締めることにしました。それから特に支障が起きない限りは、上着も同じものを毎日着ることにしました。それは彼にいささか退屈を感じさせましたが、面接者としてクライエントのニーズに応えていることだと考えました。やがてそれはクライエントに会うための彼の「制服」になりました。ところが、このことがあるクライエントと会うときにとても興味深い事態を引き起こしました。

彼はある女性クライエントと対面式で週に一回の頻度で会い始めました。初回のコンサルテーションから三回会ったところで二週間のイースターの休暇に入りました。彼女は週五日の毎日分析を早く始めないとやっていけなくなりそうでした。しかし休み明けすぐに毎日分析を始めるのは望ましくないとも彼は考えました。

そして実際のところ、休み明けに彼はカウチを使った毎日分析を彼女と始めました。それから数週後、彼女は彼に「青い上着の男性に何が起こったのですか」と尋ねてきました。ケースメントさんが当時着ていた青いジャケットは背中が裂け始めていてもはや着られなくなっており、彼は妻に言われて新しい茶の上着を買い、それに着替えていました。

その女性は、休暇の前に対面で会っていた「青い上着の男性」に愛着していたのでした。ところが休みが明けると彼が別の上着を着ていましたから、彼女には彼がまったく別人に見えたようなのです。「青い上着の男性」が何の説明もなく、彼女を別の男性［茶の上着の男性］に引き渡したと彼女はひどく動揺したのでした。この女性はとても幼いときに養子に出されていました。その家の養父からは性的な悪戯を受けていました。そこで彼女は誰かに引き渡されることを期待するようになっていました。しかしそれだけではなく、ひどい扱いを受けることも期待するようになっていました。こうして二つの上着に向けての転移があまりに時期尚早に発生することになったのでした。

外的構造としての身繕いは、ある程度固定されていることが臨床家には求められます。

臨床家は脇役です

面接空間はクライエントがこころの奥に収めているものを自由に表現する場です。この場に、クライエントのこころの世界が展開されるのです。つまり面接場面での主役はクライエントです。その彼／彼女がこころの世界を表現するのに私たちを自由に活用できるように、私たちは静かにその出番を待っている脇役なのです。

私たちの容姿や身繕いの在り様は、不可避な自己開示です。私たちがまったく自己を開示しないことは不可能ですし、身繕いはその代表例です。しかし面接者のこの種の自己開示ができる限り抑止されることによって、クライエントは内側に抱えているいろいろなものを、彼／彼女が無意識に思い描く人物像ややり方で私たちに自由に投影できるようになるのです。そこから面接過程は始まります。こうしてクライエントの投影の受け皿になる名脇役であることが、私たちの専門性なのです。

それなのに私たちが目立った服装や派手な化粧・装飾品、強い香料を付けて現れるとしたら、それは何事でしょう。それは、投影の受け皿としての私たちの機能を著しく制限させます。それだけではありません。それは意識的にか無意識的に、主役の座をめぐってクライエントと競争している自己愛的な姿を臨床家が見せていることなのです。あるいは自分が主役をとるプライベートな時間と専門職として働いている時間の区別を付けられない人であることを表わしています。そこにあるであろうものは、社会性の欠如であり専門家意識の欠如です。

臨床家が気ままな服装をしていることが、クライエントの身もこころも自由にすると思っている人がときにいます。それはその臨床家が、相手に自分がどのように写るかを真摯に省みたことがない証拠です。水面に映る自分の姿を見て悦に入っているナルキッソスその人です。しかし、クライエントは水面ではありません。そして臨床家が水仙になってもしかたありません。

あなたはその人にこころを打ち明けられますか

私たちの仕事では、誰にも言わずこころ深く抱えてきた秘密の苦悩が、クライエントによってためらいがちに打ち明けられることが少なくありません。臨床家はそれに値し、その苦悩を真摯に受け止め対応してくれることが望まれます。言うまでもありませんが、クライエントは大変な決心をして打ち明けるのです。あなたがそのクライエントであるとしたら、どんな人になら打ち明けられるでしょうか。あるいはあなたの大切な誰かを紹介するとしたら、どんな人にならできるでしょうか。そのとき臨床家の身だしなみが、あまりにだらしなかったり、派手だったり、奇異だったりしたのなら、あなたは相手を選び損なったと思うにちがいありません。私たちはクライエントの抱える苦悩や秘密に誠意をもって対応しようと思っているはずです。その誠意は身だしなみに表現できるのです。いや、その誠意を身だしなみに表現すべきではないでしょうか。

親しみやすい気さくな感じの服装がよいという人もいるでしょう。その方がクライエントも打ち明けやすい、と。しかし私に言わせるのなら、その考えの人はほんとうに苦しむ人の心理（こころの病理）がわかっていません。日常的な正常心理の延長からの発想にとどまったままで、プロフェッショナルに未到達です。

セラピストの身繕いは、こころの専門職であることの矜持の表現です

こころという触ることも見ることもできない大切なものを私たちは扱います。そこに必要なのは、他者からの信頼であり、対応する私たちのこころの専門家としての誠実さです。それを見える形で表わすことができるとしたら、それは私たちの物腰と身繕いでしょう。ファッションは元来〝流行〟という意味ですが、私たちがこころの専門職の矜持を表わすファッションは、流行でないそれでしょう。身だしなみによって、こころの専門職としての私たちの厳粛な心意気を示してもよいのではないでしょうか。

面接者の身だしなみへのクライエントからの批判

ときに面接者の装いやヘアースタイル、アクセサリーに何かコメントをしてくるクライエントがいます。それが好意的なものであるなら、それは陽性転移の一つの表現として聴く耳をもっておいたほうがよいものです。そしてなぜ身だしなみに対してのコメントなのかを考えることが大事です。それは自然に、次の問いかけに結びつくかもしれません：「あなたが、私の髪形（服装、化粧等）にとても関心を抱いているのは、どんなことからなのでしょうか」。

その場合、やがてクライエントが面接者と似た服装やヘアースタイル、同じアクセサリーを身に付けることも起こります。もちろんこれはクライエントの内側で面接者との相当な一体化が進行していることの現れ

です。このときクライエントが思春期や青年期の場合には、それは正常な発達の一部にも見られることなので、さほどいぶかる必要はありません。しかしそれが十分に成人した人に起こっているのなら、その人の対象との関係の性質をこの素材から再検討する必要があります。またどちらの場合も、その外見での同一化によって、みずからについて考えることがなおざりになってしまっていないかという見地からの検討が必要です。

面接者の装いについてのコメントが好意的なものであるとき、それが面接者におもねた態度の表明であることもあります。この場合は、表面の陽性感情の裏に面接者への怖れや嫌悪が潜在している可能性を考えなければなりません。この態度はきわめて転移的なものでありえます。

面接者の身だしなみに冷たい批評や辛らつな批判さえしてくるクライエントがいます。この場合は、クライエントが面接者と優劣を競う競争心を高めていたり、羨望や嫉妬を向けていることがありえます。しかしそれだけではありません。面接者への愛着の裏返しの表現なのかもしれません。さらには面接者の装いに、自分に関心を向けていない、自分を大切にしていないと感じていることもあるでしょう。それは面接者に見捨てられる怖れを伝えているのかもしれません。しかしここで考慮しなければならないことは、クライエントの指摘が正しい可能性です。私たちの身繕いが実際に他に向けられたもの——たとえば、その日の講義、講演、パーティやコンサート、スポーツ等の非日常的あるいは日常的な仕事明けの予定——であることです。このとき私たちは、プロフェッショナルとしてみずからの姿勢を省みなければなりません。そのクライエントは私たちをスーパーバイズしているのです。

おわりに

かつて驚いたことがありました。

私の子どもが公立の小中学校に通っていたとき、そこで見かけた先生はみんなジャージを着ていました。私の子どものころは学校の先生はきちんとネクタイを締め、スーツを着ていましたから、時代が変わったと私は感じました。ところが子どもが塾に通い出したところ、塾の先生はいつもきちんとネクタイを締めてスーツを着ていました。その対照性は際立っていましたが、その場に臨む教育者として矜持の質をそれぞれの身繕いが表わしているように私には思えました。しかして子どもの担任のある女性教師は、自分の子どもの保育園行事のために、小学校を休んで担任のクラスを自習にしたのです。子どもが高校に入学し、その担任がきちんとした服装、つまりスーツとネクタイを着用していたのを見たとき、私は安心しました。

身だしなみは、こころの専門職としての私たちの在り方をみごとに表わし出しているように私には思えます。それはクライエントの身になって、もっと私たちに自覚されるべきことでしょう。

要は、私たちがこころの専門家としてクライエントの身になって、みずからの服装、ヘアースタイルといった身繕いを決めればよいのです。この〝クライエントの身になる〟とのことは、私たちの仕事の基本です。ですから、あなたがどのような身だしなみをしているのかは、こころの臨床についてのあなたの基本理解を提示していることなのです。

第9講

精神分析の短期化と簡便化

はじめに

精神分析がこの世に出現し広まり始めてまもなくから、このこころへのアプローチにおいて繰り返しターゲットにされてきた臨床課題があります。それは、精神分析での分析期間の短縮であり、その方法の簡便化です。

そこには精神分析の期間が長くなっていったという要因がありました。精神分析の目標がその創成期での症状の解消・心的苦痛の軽減からパーソナリティの変容へと変わり、その結果、精神分析の適応も、パーソナリティの問題や障害に広げられました。こうしてフロイトの時代には一、二年で終結していた精神分析が、四年、五年、場合によっては一〇年というように、長いスパンが終結に至るための期間として必要にされてきたのでした。

もう一つの理由には、面接者の欲望から、おそらくそれに影響しているであろうクライエントの願望から、積極的にこのアプローチを短期化、簡便化したいと精神分析が繰り返し挑まれてきたことです。

私には、とりわけ後者の要因が大きいと思えます。というのは、必ず医療や心理臨床の実践家の中には——それはたいていクライエントのニーズとか臨床活動の時間が足りないとか高い効率が求められていると か技術が向上したといった〝臨床の要請〟ということでその正当さを主張しながら——短縮法や簡便法を考案し実行しようとする人が出てくるからです。毎日の丹精と長い期間を要する精神分析の分野がその例外であろうはずがありません。しかしながら私は、この動機の本質は、それを主張する人の野心や万能感を内包するパーソナリティ特性から発生してきていると確信しています。

精神分析の分野での期間の短期化の明瞭な形は、期限設定の短期心理療法であり、方法の簡便化の一つの例は交流分析でしょう。今日的には両方を兼ねたものとして、認知療法、対人関係療法があげられるのかもしれません。認知療法も対人関係療法もその出自は精神分析なのですから。

今回はこの問題を考えてみます。

短期心理療法と精神分析

まず精神分析期間の短縮に目を向けることにします。この短期化は、必然的に方法の簡便化を含みます。その歴史を回顧してみますと、それは精神分析史の初期にフロイトから離反したオットー・ランク（Rank,

O.）の中断療法（一九二四）に始まります。人生でのさまざまな不安の原型として、人生最初の分離体験である誕生こそが外傷体験として位置づけられるという「出産外傷理論」のもとに、治療期間を限定することでクライエントの分離不安を克服させようとランクは試みました。

その後、バリント（Balint, M.）の焦点化心理療法、シフニオス（Sifneos, P.）の不安挑発短期心理療法、マン（Mann, J.）の治療時間制限療法等、あげれば相当な数の短期心理療法が提示されてきています。極端な場合は、一二セッションで終結に至るという大変な短縮がもくろまれました。

けれどもそのいずれもが、精神分析にとって代わることはできませんでした。そこには何があるのでしょうか。しかし今日、認知療法は広がり大きな勢力となっています。このことは何を表わしているのでしょうか。

ここにヒントが一つ、あります。

これらの短期心理療法とされるものは、それらの本質が力動的な心理療法であることをまずもって肯定しています。ですがそのため、無意識の深い力動や不安を扱うことの臨床上の限界が明瞭に露呈してしまいます。けれども、認知療法や対人関係療法、加えて交流分析もそのように思われますが、これらはもはや無意識の力動概念を放棄しているようです。すなわち精神分析と縁を切った姿勢をとっているようです。しかしこれらの療法は、それゆえ精神分析を離れたほとんど意識的な力動――言い換えれば、正常心理――の分野に生存区域を確保するようなのです。

そのことはともかく、短期心理療法の特徴を見てみましょう。

その一つは、面接で取り扱うターゲットを明確化し限定してしまうことです。次に、そのターゲットに面接者の介入が焦点づけされることです。こうすることで、期限設定もしくは期間の短期化が成立するのです。

ですから、ランクの中断療法に典型的に見るように、まず始めに不安に関する理論があって、それに基づく定式（ビオンの用語を使うと、〝定義的仮説〟という絶対に変更されえないもの）に従って意識的前意識的な作業が、その療法にかかわるふたりによって進められるのがその方法です。すなわち、そこで実際になされるのは、理論的には無意識の深い不安を扱うとされていても、実践では限られた意識や前意識水準の不安を定式どおりに操作する臨床展開なのです。

このように書くとおわかりのように、それはもはや精神分析ではありません。なぜなら精神分析は、パーソナリティの無意識の部分をターゲットにしていくものです。意識的前意識的な葛藤や不安だけに目を向けることはしません。むしろそれらの表面に近いものから、無意識の不安や葛藤を読もうとするのです。

また精神分析では理論はあくまで仮説にすぎません。ですから、理論によって定式化された特定の展開をなぞるのではありません。諸理論はまさにそのクライエントが実際に表出する無意識の心的過程を理解していくのに使われるにすぎません。精神分析では短期心理療法のように理論が主人ではなく、理論はいつでも従者なのです。

このように面接者の視点や理論という道具立ての使い方が異なるだけでなく、面接場面におけるふたりの在り方が異なります。それは、精神分析では面接の展開をクライエントが主導することです。精神分析では面接構造や契約の保持については臨床家がその役割を積極的に荷いますが、精神分析過程はクライエントが主導します。一方短期心理療法では、面接の構造も展開も面接者が先導し操作していくようです。

すなわちそれがそもそも精神分析をその起源にしているとしても、短期心理療法の形態に変えられるとき、それは必然的に精神分析ではなくなるのです。

今日、認知療法が盛んになり、対人関係療法に目が向けられているとしたのなら、それは精神分析という無意識のこころを理解するという作業に対してときどき起こる、時代の反撥が現代にもやはり起こっていることなのでしょう。そしていずれ、意識心理学からの教育的方法の限界が広く認識されることでしょう。

そのことは、交流分析のような簡便化についてもあてはまることです。交流分析は精神分析的自我心理学の構造論をかなり簡便化した例です。すなわち超自我、自我、エスというパーソナリティ構造の類型等を知的に整理するという意識・前意識水準のかかわりであり、それは教育であって精神分析ではありません。

短期化された精神分析

それでは、短縮された精神分析は存在するのでしょうか。

一つ考えつくのは、精神分析の途中で期限設定を導入するという方法です。

この方法は、重症強迫男性ウルフマンの精神分析においてフロイトが導入しました。その期限設定導入による終結の結果、ウルフマンは治癒したとフロイトは判断しました。けれども分析を終えて故国ロシアに帰った貴族ウルフマンは、第一次世界大戦とロシア革命にまもなく遭遇し、家族や財産を失いウィーンに戻ります。そのときには彼の症状は再燃しており、フロイトの二回目の精神分析、その後にはブルンシュビックの精神分析を受けました。このように期限設定では、精神分析の効果という面での限界が発生します。

そのもう一つの特徴は、臨床家による精神分析の期限設定は、面接の構造をその途中から臨床家が意図的に変更することであり、それは精神分析の視点からは臨床家のアクティングアウトと考えられるものであることです。詰まるところ、期限設定は精神分析の短期化ではなく、精神分析での行動化なのでしょう。

そこのところが、精神分析を終結させるのにその終結日を決めてそこまで続けるという終結のオーソドックスな方法と異なるところです。違いは、精神分析での終結は臨床家とクライエントの両者で検討・決定し、その終結日に向かうということにあります。その終結までは、一般に二~三カ月から一年ほどありますから、結果的にはそれが期限設定に認められるような影響ももたらしますが、その設定に至るダイナミクスはまったく異なっています。そこには、クライエントにとって〝強いられた〟との要素はありません。

簡便化された精神分析

次に簡便化された精神分析に目を向けてみます。すでに交流分析については、それが教育であることを述べました。そこで、それではない簡便化された精神分析と呼べるものに注目します。

それは、精神分析的心理療法です。週に一回から三回の面接セッションをもつ精神分析的心理療法は、構造が簡便化された精神分析です。

ここで私は週に一回未満の面接設定、あるいは一回の面接セッションが四五分間未満の時間設定の面接は含みません。なぜならこれらの構造では、次に述べます精神分析過程が有効に進展するとは期待できません し、その過程に派生しているダイナミクスを面接者が理解することがほとんど困難であるからです。

精神分析的心理療法は前述したように一週間のセッション回数が精神分析より少なく設定されています が、その他の構造には変化がありません。精神分析的心理療法が週に一、二回の設定で実行されるとき、構造として対面法が使われるというパラメーターが導入されることもわが国では多いのですが、カウチによる背面法でおこなうのであれば回数以外の構造は精神分析と変わりません。

わが国の精神分析を実践している臨床家で、精神分析的心理療法をおこなったことがないという人はまずもっていないのではないでしょうか。それは諸外国でも相当あてはまると思います。つまり精神分析的心理療法という簡便化は、精神分析の世界では今日では普通に実践されているのです。すなわちそれが何らかの効果をもつと認められているということです。こうして実は、この形での簡便化は公認されているのです。

この簡便化が普及している要因はやはり、精神分析にかける生活時間は短くして、なおかつ効力を保ちたいとの願望がクライエントにあり、それに臨床家も呼応しているからでしょう。臨床家が呼応する理由はクライエントのニーズに応えるという側面もありますが、臨床家自身が他の医学療法や心理療法、身体療法との競合を睨んで採用している、という側面もあると思います。また、私の見るところ、他の療法との競合という側面が、現在の米国での精神分析の混乱のもととなっていることも認識されているほうがよいでしょう。

それでは精神分析臨床の実践という側面から臨床家が検討したとき、精神分析と精神分析的心理療法のどちらが選択されるかは何によって決定されるのでしょうか。

私が考えるには、それは精神分析過程が進展することが、回数の少ない精神分析的心理療法で可能と判断されるか、それとも精神分析の設定が不可欠であるかという点にかかっています。そして一般的には精神分析過程は、精神分析において濃くかつ明瞭に進展するものなのです。

精神分析過程

それでは精神分析という方法が生み出すその過程、すなわち〝精神分析過程〟という用語で、私が何を言っているのかをお伝えすることが必要でしょう。

次の通りです。精神分析ないしは精神分析的心理療法を始めると、クライエントの語る連想やその在り方に導かれて、そのふたりが創り出す独自な世界や空気が分析空間に形をなしていきます。そしてその独自なものが分析セッションの積み重ねとともに、何かそれ独自の在り方でダイナミックに進展していくのです。そこには、転移と呼ばれるクライエントからの無意識の空想を柱に、逆転移と呼ばれる臨床家からのものが混ざり合っています。ここで大事な点は、その両者が本質的に無意識的なものであることです。こうして、クライエントの無意識から派生する転移のドラマと、それに呼応する臨床家のもの想いや逆転移が、そのセッションの無意識の流れになり進展していくのです。

それを思考の生成水準から見ますと、この転移は思考の退行を発生させます。つまりそもそもはふたりの間でことばによって概念の交換がなされていたのですが、もともと臨床家は彼／彼女のもの想いからことばを発することもあって、生成水準の低い夢・夢思考水準の思考を使っているのですが、分析空間の中のクライエントも思考が、夢・夢思考の水準に退行していくのです。

すなわち視覚要素が大きくなった物語性をもつ具体象徴水準の思考が、その分析空間に展開するようになるのです。そのとき、その水準の思考が分析空間全体に広がりをもった〝ことば＋ふるまい＋空気＋視覚＋ふたりの劇的交流〟というものとして表現されるようになるのです。

そこから先の展開を含めてこの過程を見てみるなら、精神分析の進行とともに、抽象思考である概念水準を中心とした高度な思考が、夢・夢思考水準、さらには無意識の具体思考であるアルファ要素水準の思考へと原初方向へ退行します。この夢・夢思考水準の思考が十分に展開したとき、そこに臨床家による解釈がなされていきます。この解釈によって言語的な現実化が実現して、それからもう一度（かつてとはちがう的確な）概念の水準に思考は上がっていくのです。

　これが精神分析過程です。

　たとえて表現するなら、分析空間にそのクライエントのパーソナリティが一度溶け出して、それからもう一度固まるのが精神分析過程であり、まさに精神分析のみが展開できる過程です。

　ですから精神分析過程は、その推移に関して無意識的な自動性をもちます。クライエントの意図するように展開するのでもなければ、臨床家の意図するように進展するのでもありません。そのふたりが創った精神分析過程が、それ独自の方向性を創りながら進展していくのです。またそうならなければなりません。なぜなら、その分析過程の進展の在り方そのものにクライエントのそのままのパーソナリティが表わされているからです。

　私たち臨床家には、そこに生じてきている分析過程に私たち自身をそのまま委ねることだけができることなのです。臨床家が意図的にそれを早めたり遅くしたりできるものでは決してないのです。

　なぜ精神分析では終結の時期をあらかじめ決めておかないのか、なぜ精神分析を短期化したり簡便化することができないのかの理由は、ここにあるのです。

　かつて強い抑うつと不安を抱き頻繁に自殺企図を繰り返す女性を治療したことがあります。彼女は薬物療法、正統な認知療法、電気ショック療法等を受けていましたがその効果はなく、重い病状が続いていました。私は精神医療という枠で彼女と出会いましたが、その治療を進めていく内に彼女を回復させるには精神分析しかないと思うようになりました。そして約二年間それを実践し、その結果彼女は薬物も精神医療も不要になり、普通の社会活動に戻りました。「病気になる前よりも健康になったと感じる」というのが回復した彼女が語ったことばでした。

私が彼女には精神分析が必要だと思った理由は、彼女が彼女のパーソナリティをそのまま表現する機会を無意識に求めていると感じたこと、それは彼女の場合は――彼女に恐怖症（不安ヒステリー）のパーソナリティを私は見立てたので――精神分析過程でこそ表わされるにちがいないと思えたこと、それには週の頻度の多いセッションの提供が不可欠である――すなわち、精神分析――と考えられたこと、それによって症状水準の問題は改善すると予測できたことでした。

そして実際、私は週に四、五回の精神分析を提供し、彼女はその分析空間の中で彼女の生きざまを劇的に表わし、治癒したのでした。私が今でも確信をもって言えることは、週に三回以下の精神分析的心理療法では、この精神分析過程の進展を分析空間にコンテインし細やかに対応するには不足なものであっただろうとのことです。その細やかな対応こそが彼女が必要としているものでもありました。

精神分析的アプローチは、その人のパーソナリティの本質にかかわることができる唯一無二の心理療法であり、それには精神分析的心理療法よりも精神分析が、精神分析過程を誕生させ進展されるための方法として有効なのです。

おわりに

あらゆる心理療法が、精神分析を含めて、短期で簡便に実践できればどんなによいことでしょう。それは医療や治療法という視点から期待されることです。

しかし私たちがかかわっているものが、その人自身といえるパーソナリティであり、こころそのものであるとするなら、私たちはその人が人生史において内側に積み重ねてきている莫大な蓄積と、その結果生じている、宇宙にも匹敵するほどのこころの世界の広大さを思い起こさないわけにはいかないでしょう。そしてその視点に立ち返るのなら、短期で簡便な心理療法の実践とは、私たちの自己愛的な万能空想の産物か、それを知ってか知らずかでおこなっている〝大人だまし〟に過ぎないことに気づくでしょう。

確かにクライエントの中には、〝大人だまし〟でもよいから万能空想に浸っていたい人がいることもまた事実です。しかし、私たちが精神分析臨床家を自認するなら、その空想に共謀しようとは思わないにちがいありませんし、治療者がもちがちな〝治癒をもたらす神の手〟願望の危険性にも十分に気がついているにちがいありません。

第10講

技法の統合、もしくは統合的アプローチについて

はじめに

たとえばなんとなく専門誌に目を通していて、新刊書籍の書評や紹介をながめているとき気になるものに、「技法の統合」という表現があります。「統合的アプローチ」という表現で著されているものを目にすることもあります。

どうして気になるかといいますと、その統合技法や統合的アプローチは、それまでの治療法を「超えた」素晴らしいものであるかのように書かれていることが多いからです。実際、〝統合〟ということばは壮大な美しい響きをもっています。たとえば最近、ある出版社の編集者によって書かれたと思しき次の文章を見つけました。「クライエントのためにという視点を優先し、百花繚乱の心理療法において屹立する、著者の統合的アプローチ」。

ですからこの壮大な響きが、〝ああ、私が実践している精神分析技法は今やもはや時代遅れの欠陥も露わなみすぼらしいものではないか〟との不安を、私の内側で不気味にかき立てます。もっとも私の困った性分から、〝そうじゃないだろう、「百花繚乱の心理療法」の世界にこの新たなアプローチが加わるなら、百一花繚乱になるだけじゃないのか〟と皮肉な連想も内心してしまいます。

そこで次に私が気になるのは、この統合された技法や統合的アプローチという表現は、その実践家、あるいは著者もみずからそのように称しているのだろうかとのことです。私の感覚からは、たやすくそのように表現できそうもないからです。何がちがっているのでしょう。

技法の統合

技法の統合といっても、その水準はさまざまにありえます。

私が棲んでいる精神分析の世界でも狭いところから広いところまで多岐にわたります。たとえば、同じクライン派内におけるベティ・ジョセフ（Joseph, B.）の技法とドナルド・メルツァー（Meltzer, D.）の技法の統合が想定されるでしょう。同じクライン派でそもそもちがいがあるのかと思う人さえいそうな技法のちがいの統合です。

少し広げると、クライン派の技法とインディペンデント分析家の雄ウィニコットの技法の統合が考えられます。これもまた対象関係論内という範囲での統合の可能性です。さらに広げると、クライン派の技法と自我心理学の技法の統合があります。かつてアンナ・フロイト（Freud, A.）の高弟サンドラー（Sandler, J.）が検討していました。もっと広くなると、精神分析のいくつかの学派の技法の統合というものが想定できます。

もちろん、さらに壮大にもなるでしょう。精神分析技法とユング派分析技法の統合、あるいは精神分析技法とロジャース派来談者中心療法技法の統合といった統合技法を主張する実践家もいるでしょう。もっと壮大に、精神分析技法と行動療法技法の統合やら精神分析技法と森田療法の統合やら、だんだんついていけなくなる自分を感じます。

このように書いていくと滑稽な響きを禁じえませんが、実際には決してそうではありません。そうした実践家においては、臨床実践を積み重ねていく過程で、そもそもその人が基礎として身に付けた技法に別の流派の技法を付加していくところから生じてくるというものであるはずです。そしておそらくその背景には、困難さや行き詰まりが深刻に体験されたという、動機となる切実な臨床経験があったにちがいありません。

忘れないうちに、もう一つの統合の形態も私は思っていることをここで述べておきたいと思います。それは、異なる技法の使い分けができる、その実践家の中では統一感が保たれているという技法の統合です。すなわちひとりの実践家が、あるクライエントには自己心理学的技法でかかわり、別のクライエントには対象関係論的な技法でかかわる、また別のクライエントには自我心理学的な技法でアプローチするといったかかわる対象による使い分けをなせることです。そこにおいては、その実践家の中ではそれらの異なる技法が、ある水準で違和感なく並置できるものとして、統一され置かれているにちがいありません。

おそらくこの在り方も、臨床実践での難しい事態を切り開こうとする苦闘の中で身につけられたものなのでしょう。

「現場というのは、理屈どおり行くものじゃないんだ」とは、あらゆる職業分野において耳にする発言ですが、心理や医療の現場にもあてはまるものなのでしょう。私がときどき使うことばで表現するなら、そこでは「現世のご利益」をもたらすことが一義とされるからです。そのために使えるものは何でも使うというのも、一つの在り方ですし、それは〝現実的〟と尊重されることも少なくありません。何でも必要に応じて使えるのが臨床家というものだという考え方の実践家もおられましょう。

統合か、折衷か

ところで、統合と表わされうる現象についてのもう一つの表現があります。

それは「折衷」というものです。手元の国語辞典を見ますと、「あいいれない二つのものから良い点を少しずつ取って、別のものを作ること」と意味づけされています。心理療法の折衷派であるといった表現は耳にすることがあるものです。もちろん、折衷技法もまた、困難な臨床場面への対処というところから、その実践家が形作ることになったのでしょう。

率直に言って、〝折衷〟という表現には〝統合〟という表現ほど素晴らしく壮大な響きは感じられません。折衷には、「超えている」雰囲気がありません。むしろ、ちょっとちまちました感じさえあります。しかしこのことばには、より現実的な認識もしくは謙譲の美徳が感じられ、親しみやすい感じがないでもありません。この折衷も、実践家その人が口にするのか、それとも第三者が口にするのかでその響きが大きく変わってしまうものでしょう。

技法の統合か、それとも折衷かは、そのことばを選ぶ人の主観によるのでしょう。統合というなら、それはまとまりあるものにしたという見解ですから、二つが合わさることで発生したかもしれない矛盾は解決され止揚されていると主張していることでしょう。一方、折衷という場合は、矛盾がいまだ内在していることを肯定している見解といえそうです。

また心理療法の世界では使われていないのかもしれませんが、ここで取り上げている問題にかかわる近年出てきた興味深いことばに「ハイブリッド」というものがあります。原語は、雑種や混成物との意味ですが、「異なる方式を一つの組織の中にうまく組み込むこと」と国語辞典に書かれているように、日本語ではよりポジティヴにまとまりのあるものという印象に意味づけられているようです。どうやら、統合と折衷の中間的な語感をもっているようです。心理療法の世界でも、これから使用されるかもしれません。

併せることの困難さ

ここで私の個人的な見解を述べるなら、それはこころにかかわる技法においては統合にしろ折衷にしろ、とても難しいものであるとのことです。

まずそれは、私たちが心理療法の技法を併せようとするとき、私たちはそれらの技法の背後にある理論や考え方に無頓着でいるわけにはいかないからです。

たとえば、クライン派の解釈技法を使うあなたがウィニコットのホールディングという技法を実践するなら、そのとき、背後に置かれている理論上のちがいに向かい合うことになります。

クライン派の解釈技法は、一次ナルシシズムという概念の否定の上に成り立っています。つまり自己と対象、すなわちクライエントと面接者とはそもそも分離している存在であるのが健康ということであり、それゆえにその分離した二者間でことばを使う解釈が技法として理に適うのです。しかし一方、ホールディングとは自己と対象が融合し一体化している一次ナルシシズムのときを、面接者が積極的に再現していることです。そこでは、自他の融合が健康なこころの発達のために必要なときであると、一次ナルシシズムが肯定されています。ですからそのために、面接者は解釈を控えることが求められます。技法がこの両者にまたがる場合、そのために生じている理論上の矛盾はどのように解決されるのでしょうか。

もう一つの例をあげてみましょう。私はよく知らないのですが、ロジャースの来談者中心療法では共感と受容が主要な技法として活用されているとのことです。そこには精神分析の解釈という技法に対するアンチテーゼがあったとのことを聴いたことがあります。もちろん精神分析もクライエントに共感しその思いを受容することを基本とするのですが、それだけでクライエントに役立つとは考えません。やはり解釈という、面接者が構築したそのクライエントのこころに関する仮説の投与を通して、クライエント自身の無意識の思考や感情を彼自身が認識するのを援助しようとします。私の知るところ、それは不要と来談者中心療法の実践家には考えられているようです。

そこには、こころについての理論構築のちがいがあるようです。構造論や対象関係論といった精神分析で作られるようには、こころについてモデル化自体をロジャーリアンはしないようです。そうだとしたら、両者の技法を統合か折衷する実践家はこのちがいをどのようにみずからの中に収めるのでしょうか。

このように、技法は単なる方法ではありません。それは背後にある理論との一貫性をもって成立しているものです。それが日頃意識されているにしろ無意識に置かれているにしろ、まさにそこにその面接者内での統一があるのです。もしそれがないなら、アプローチは統制のない気儘なものになってしまっているでしょう。

臨床家の生き方

そこで、こころについてのさまざまな理論、技法論がどのようにして作られたり、親しみを感じられるのかというと、それにはやはり、その面接者のそもそもの在り方、生き方が如実に反映されているように思います。

すなわち、このこころについてのとらえ方のちがいには、人間観のちがいさえあるように思います。この違いは、その実践家の臨床での人の見方やかかわり方、またその臨床家の生き方という人生の主題に大きくかかわっているものであると私は思います。この面接者の本質にかかわる見解こそが、こころに働きかける技法の根底にある大変重要なものであると私は考えます。

これから述べることは、こころの臨床を重ねてきた私の実感に基づくものです。

少なくとも精神分析臨床の実践においては、私たちがどのように人や人生を考え、どのように生きているかとのことが、面接場面の私たちの在り方やかかわり方に確実に反映されると私は感じています。

ご存じのように精神分析は、受身性や中立性、隠れ身、禁欲という臨床家のパーソナルな部分を強く抑止する態度を重視しています。また、感情の交流に流されず、客観的にとらえる視点を保持しておくことの大切さを強調しています。これらの臨床家の態度は、ほかのどんな心理療法よりも厳格に抑止しているものでしょう。しかしそれでも、面接場面において私たちがそこにいて何かをすること——話すこと、黙ること、物音を立てること、動作をすること——によって、私たちは私たちが誰であるかをクライエントに見せているのです。もちろんこれが臨床家による能動的な自己開示を勧めているものではなく、その対抗的な態度の維持を私がそれでも語っていることはおわかりいただいていると思います。

精神分析臨床においては、それはとりわけそこに進展してきた転移が濃厚になり転移状況がその高まりの頂点にあるとき、それにからめとられている私たちは中立性や受身性に身を置きながらも、もはや私たち自身の生き方を多少なりとも反映させずにはかかわれないように私は感じます。私たちは無意識のうちにも私たちらしさを通してかかわらないわけにはいかないのです。究極の転移ー逆転移場面では、詰まるところ、こころにかかわる技法は私たちの専門職であることによる隠れ蓑ではなく、専門職としてのわたくし性の表現方法であることから逃れられないと思います。彼ら／彼女らとわたくしが会っていることは、不可欠の要素です。

それは若いころのことでしたが、スーパービジョンを受けながら、あるいは文献に学びながら発していた私のことば——解釈のことば——が、当時の私には自分のほんとうのことばではない、それらのことばを発している自分はほんとうの自分から乖離しているという感覚を自覚し苦しんだものでした。私は、借り物のことば、あるいは自分の感覚につながっていないことばを発する私自身が詐欺師か偽りの人であるのではないかと自問せずにおれませんでした。私はこの感覚を放棄したり無視したりすべきではないと思ってきました。もしそうしてしまうなら、私はほんとうに口先だけの人、偽りの専門家になってしまうと怖れました。それは臨床家以前に、人間として失格であると感じることでした。

こうした思いは、私の個人的なところに起源をもっていることも事実です。確かに私が抱えていた自己同一性の深刻な問題がその根底にありました。しかしそれでもやはり、作られていない自分がクライエントと出会い、そして交流することが、心理療法での何より大切な基底であることを私は徐々に確信していきました。

その基底にあるものは、おそらく、〝わたくしとしての誠意〟ということばで表現できるのかもしれません。

その性質が、究極の転移－逆転移場面にほとんど不可避に現れます。

「誠意」、「誠実さ」は日常の社交に使われる平凡なことばです。それを〝わたくしのことば〟にするとき、それは次の意味をもちます：その人について、また自分自身について現実をありのまま見ようとする視点に基づく内側からの自発的で真剣な思いとかかわり。

それを臨床家という在り方で述べるなら、臨床家の誠意とは、〝技法・方法に対する、クライエントに対する、自分自身への、真剣な思いとかかわり〟と言えそうです。そしてこの人としての誠意と臨床家としての誠意は通底しているものです。

ですから私には、クライエントと心理療法場面外で何らかの利害関係を作る、もしくはクライエントと恋愛関係や性的関係になるということは、倫理の問題というよりも〝わたくしとしての誠実さ〟の問題であると私は思います。それらの関係のもち方は、私たちが誠実に接しているのなら、決してないことです。

私は私がこうして述べていることが、現在の年齢の私が行き着いたものであることもここに述べておく必要があると思います。それはたどり着くための歩みを必要したとのことです。

技法の統合について

　ここまで読んでこられておそらくわかられたのではないかと思いますが、技法の統合、あるいは折衷は、私には考えられないことです。

　技法のそうした操作をする以前に、私たちはみずからが誰なのかを見つめていくことが重要であると私が感じているからです。それがこころの臨床にかかわる私たちに常に求められていることだと思います。

　私たちがこころの臨床において大変困難な場面に置かれているとき、私たちは苦しみ、その閉塞された苦痛な状況から早く身を離したいと願うのは自然な思いでしょう。そのとき、私たちは何か別の技法に希望や救いを求めるかもしれません。それもまた、自然なことかもしれません。

　しかしながら、そのときの私たちが誠実さというところにもう一度立ち戻ったとき、その困難な場面から身を離す、その場面を技術や力で打開しようとするよりも、やり方や構造は変えずにそのままもうしばらくもちこたえておくことを選択することもできるのかもしれません。それもまた、こころの臨床家にあってよいことなのかもしれません。変えることも大切ですが、変わること、それまで待つことも私たちの分野ではとても大切なのです。

　ただ私がもっと年老いたときに、何かちがう考え方ができるかもしれません。そしてそのときには技法の統合、あるいは折衷を唱えるのかもしれません。しかしおそらく今の私が思うには、そのときの私は技法にこだわらなくなっているのであって、統合といったことばを使うことをしないのではないかと思えます。

おわりに

進化論に問題があるとするなら、それは進化ということばがもつ問題です。それは、時間の経過が好ましい進歩をかならずもたらすかのように私たちを思い込ませてしまうのかもしれないことです。それは、私たちを進化しているかのように思いたいとの気持ちに駆り立てるのかもしれません。しかし現実を見るとき、進化ではなく、変化、つまり多様な変異が起こってくることのようです。

統合ということばの危険性は、そこにも潜んでいるのかもしれません。それは完璧な進化を表わしている響きをもっていますから。

第11講

補講1

フロイト著作の読み方
――精神分析体験としての読むこと

はじめに

これからしばらく、こころの臨床実践としての精神分析の学び方について述べてみたいと思います。精神分析の学びは、およそ三つの形態で構成されています。すなわち、訓練分析（個人分析、教育分析）、ケース・スーパービジョン、専門知識の獲得です。

今回はまず、専門知識の獲得のための文献学習について述べていきましょう。これは先達が著した精神分析論文を読んでいくことですが、それによって、他の学問分野での場合と同様に、精神分析のさまざまな理論や技法を学びます。しかしそれだけではありません。精神分析独自の学びがそこにあります。体験的実感を伴う精神分析概念の理解、ビオンのことばを使ってみるなら、精神分析をK（emotionally knowing）することです。実践学問としての精神分析の学習での不可欠な課題です。

ところで、精神分析の文献学習はやはり、その創始者フロイトの論文を読むことから始まります。というのは、精神分析の見方・考え方の骨格は、そのほとんどがフロイトの創造の中にあるからです。

現代の精神分析世界が多くの精神分析学派――自我心理学派、対象関係論派、クライン派、自己心理学派、ラカン派、関係学派、その他――に分派しているにしても、すべてはフロイト著作を読むことから始まります。おそらく精神分析から分派した学派――分析心理学、アドラー心理学、短期力動心理療法など――においても、フロイト著作は読まれていると思います。無意識のこころというものを認識しているかぎりは、フロイトの論文からその学びは始まるのです。

今日、精神分析の文献は世界にあふれています。全部に目を通すことは到底できません。また、全部に目を通せばよいというものでもありません。できる限り全部に目を通そうなどと思うことは、その行為に向かう内側に不安が衝迫しているとの事実を示しているだけにすぎません。大事なことは、より深く読むことです。そこで、その内の真新しい論文や著書を読んでみるのも大切かもしれません。けれどもそれよりも、評価が十分に確立している論文をじっくりと読むことが、まだ経験の少ない臨床家には意義が大きいでしょう。だから、フロイトなのです。

もう一つフロイトを読むことに関して、ここで述べておきたいことは、フロイトの著作を読むことと、フロイトやその著作について書かれたものを読むことはまったく異なっているとのことです。極端なことを言えば、後者は読む必要はありません。後者はあなたがいずれ書くとよいものなのです。

今回はいささか趣きを変えて、私の個人史から始めましょう。

フロイトに出会う

精神分析に最初に関心を抱くことになったのは、私の場合はその行為は、故郷の積文館という名の書店の本棚に静かに置かれていた心理学者宮城音弥が書いた新書版の精神分析の入門書を好奇心から手にとったことからでした。おそらく、〝精神分析〟という当時の私に未知の言葉に魅かれたのでしょう。中学三年か高校一年でした。そのときは、約一〇年後に私の人生を方向づける決定的な役割をその本が果たすことになるとは、夢にも思いませんでした。

読みやすかったその本の内容、つまりそこに紹介されている精神分析というものに衝撃を受けました。そこから私の読書は必然的に、文庫本のフロイトの著作『精神分析入門』（Freud, 1977）や諸論文集を読むことに向かいました。

ところでこの宮城音弥という人は実験心理学が専門で、精神分析についてはいわゆる文献学者にすぎない人だったのです。この事実を私が知ったのは随分後のことでした。この事実は、私を複雑な心境にします。一度お会いして、どうして精神分析の入門書を書いたのかを聴いてみたかったと思います。おそらく精神分析にとても関心があった人なのではないでしょうか。しかしその時代の精神分析運動にかかわるサークルに積極的に参加するまでの決心には至らなかったのでしょう。

閑話休題。フロイトの『精神分析入門』を読み始めると、それは他の書物を読むこととはまったく異なった読書体験になっていきました。

フロイトの著作を読み進めながら、そこに書かれていることから、いつのまにか私は自分のこころの中にはいり込み、自分自身を読んでいました。それまで読みあぐねていた自分自身を読むことの糸口が、フロイトの著作を読むことで初めて開かれたのでした。それは単なる読書ではまったくありませんでした。

驚いたことに、フロイトは彼の著作を通して、それまでの私の子どもとしての人生で私の中では不可思議なままであり続けているにもかかわらず、その疑問にまわりの大人や他の書物がまったく答えてくれなかった自分という人間や私の周りの人間についての確かな真実と、その真実を見いだしていく視点を授けてくれたのでした。私には、まったく新しい視点でした。それはフロイトが書き進めていくことにわくわくし、わが身に感じて立ち止まり、腑に落ちるということを繰り返す感動体験でした。

それは、日々の生活の中で観察し知覚してはいても理解できないままだった自分をわかることをもたらしてくれました。つまり、それまで考えられなかったことを考えられるようにしてくれました。加えて、知らなかった自分に気づくことをもたらしてくれました。すなわち無意識を意識化させてくれました。それだけではありませんでした。知りたくない自分にさえ、目を向けるように導いてくれたのでした。親切ではあるが、怖くもあるものでした。

フロイトを学ぶ

それから約一〇年の後、医師となり心療内科で働き始めましたが、こうして臨床家として本格的にフロイトを学び始めたとき、私にはフロイトを読むことが学問になり始めました。病院から帰った夜の時間を、その半分は内科の勉強に、残りの半分を当時の日本教文社版のフロイト選集を読む時間にと振り分け、実行しました。

今でも覚えていますが、働き始めて二、三カ月を過ぎた頃、研修医である私は新来患者の予診をとる予診係でした。ある日の新来患者の中に、三〇過ぎの男性で強迫観念と強迫行為の苦しさを訴える人がいました。その人の病状を聞いていくと、フロイトが強迫神経症について記載していることとまるで同じことを語るのでした。私はそのことにものすごく感激しました。フロイトの記述通りの人が今目の前にいると、それだけで私はとてもうれしかったのでした。そこで本診察をおこなう上級医師に、「この新患はフロイトの本のとおりの人です」と興奮して伝えました。上級医師の反応は「あ、そう」というだけの何の感動もないものでした。そして診察では、その患者は典型的な強迫神経症で、神経症だから心療内科で診る病気ではないと、さっさと精神科に紹介されました。私はいささかあっけにとられましたが、内心では、フロイトはすごいと喜びにふけっていました。その日は帰ってから、強迫に触れているフロイトの論文を拾い読みしつつ、感慨にひとりふけりました。

この例にも現れているように、フロイトを読むことは急速に、精神分析理論、精神病理論、治療者として技法論を学ぶという、こころにかかわる臨床のための知識の獲得と整理がその目的となっていきました。そうなってしまえば、その質はいくら素晴らしくても、それは他の学問的読書とまったく同じものになってしまいます。知識の蓄積です。

自己分析の機会としてのフロイト著作

私の場合、そうなっていました。しかし、それだけではありませんでした。知的な頭でフロイトの著作を読むのではなく、むしろその文章に誘われて、気がつくといつのまにか自分自身を読む行為に変容していることがたびたびありました。いつのまにか自らを振り返りながら、もの想いにふけっていたり、考えに沈んでいたりしたのでした。情緒的に反応しないではおれないのでした。それは、学識を素早く豊富に吸収するには好ましくないことでしたが、個人的にはそこにやはり魅力があったのです。ある種、独特な充足感がありました。

フロイトによって書かれていることは、ひとごとではありませんでした。例をあげるなら、「ラットマン」のもつ神経症的な苦悩や神経症的な解決の方法にある思考での迷いや情緒のアンビバレンスという性質は、本質的なところでそのまま私自身にあてはめられるものでした。ラットマンにおいて、どのような無意識の欲望や思考がその苦悩に関与しているのか、それに自我がどう対応していくのか、その対応の結果が何をもたらすのかをフロイトは明快かつ詳細に解き明かしていくのですが、それを読んでいくことは、フロイトの解釈を得て、私がそのまま自分自身を分析していくことになっていました。

フロイトを読むことは、みずからの無意識に触れること、こころの事実に触れることをもたらします。おそらくフロイトは、こころの無意識という未知の領域の開拓者として、まさに試行錯誤しながら、そこでの発見に驚き怯えながら、それでも歩みを止めず自らの無意識に生々しく触れ続け、文章を綴っていったにちがいありません。だから、それが私たちに私たち自身の無意識に触れる、生きた糸口を提供してくれるのでしょう。それに反応して、私たちの中にKという情緒的に知ろうとすることが活性化されるのです。

フロイトは「あるヒステリー患者の分析の断片」(いわゆる〝ドラ・ケース〟)の「序」において、「この種の病歴を……娯楽にふさわしい実名小説として読む(後略)」可能性の高い人たちに警告を発しています。それは、興味本位な他者の事実ではなく、自分自身にとっての厳粛な事実として読まれるべきなのです。この記述に、フロイトが触れてきた無意識から顕わにされた、隠された生々しい事実を彼が突き放してしまうことなく、みずからの無意識とのかかわりと重ねて著していることが浮かび上がります。

フロイトを読むことによって、私たちは自己分析の機会を得るのです。そしてそれは取りも直さず、私たち自身の中での体験的実感を伴う精神分析概念の理解になるのです。無意識の思考を、生きたことばにしていくのです。それが精神分析臨床家であるための血肉です。

もちろん、私たちが訓練分析／個人分析を経験している場合は、その機会にすでにみずからの無意識に触れてきています。ただ、それはもはや過去の経験かもしれません。ややもすると私たちは、とてもたやすく無意識に触れるそのとば口を閉ざしてしまいやすいのです。この意味で、私たちが精神分析臨床家であり続けることはとても難しいのです。私たちはいとも簡単に、精神分析臨床家ととてもよく似た精神分析の知識を蓄え、操るだけの専門家になりやすいのです。

少なくとも、私の場合はそうです。ですから、精神分析臨床を営んでいるときに大切なことは、みずからのこころがアナライザンドの無意識に触れられるよう、いま私たちが開かれていることです。このことは、みずからの無意識に触れられるこころの感性が、その折々に活性化されていることで準備されます。

かつてフロイトが勧めたように、私たちが何年かおきに精神分析を受けることを実践しているなら、アナライザンドの無意識に鋭敏に開かれたこころを私たちは準備しやすいでしょう。しかし現実ではその実践が困難であることは、周知のところです。

そのときに、フロイトを読むことが、私たちに自己分析を実践する機会を提供し、無意識に向けて感受性豊かに開かれたこころをいま創り出してくれるのです。フロイトを読むことで、みずからの無意識に触れようとしながら、語っていくフロイトと対話し、そうしていきながら、無意識部分を含む私たち自身との内なる対話を私たちは進めていきます。そこに三者間――読む私たち、フロイト、読まれる私たち――の対話が始まります。それはまさに臨床精神分析に近似の体験です。フロイトを今日読むことの意義はここにある、と私は考えます。

実際、精神分析といえども、読者にこのようなみずからの内なる無意識に触れながら読み進めていく機会をもたらしてくれる著作は決して多くありません。さらにそれは、精神分析が学問として技法として格段に洗練されてきた現代ほど少ないのです。

その理由の一つは、技法や分析関係の保護のためという理由から分析家がみずからのごくパーソナルな感覚や体験をあらわに著さないことが共通の認識となり、無意識との触れあいというきわめてパーソナルな体験は外部に向けては確実に封印されることになってきたからです。

さらに大きなこととして、個人情報の保護が極端に権力をもち始めてきたため、もはや人の真実を精神分析も公表し共有することができなくなってきていることがあります。人の事実は過剰なほどに生々しく、ゆえにその多くは無意識に置かれています。かつてはその事実を明るみに出したがゆえに、精神分析は瞠目《どうもく》され、同時に非難もされてきました。もはやそれが個人情報保護という名目のもとに、公表されず共有されないところに、現代の精神分析のもっとも深刻な危機があるのかもしれません。

ですから、この種の体験をさせてくれる論文や本を自分自身のために見つけておくことはとても大切なことです。その例として、ここに一つの本を取り上げてみましょう。

それは、パトリック・ケースメントの最新著『人生から学ぶ（Learning from Life）』（Casement, 2009）です。彼はこの書で、もはや引退をすぐそこにした精神分析家として、患者としての自分（つまりは、無意識に動かされていた自己）と分析家としての自分をそのまま描き出しています。私たちは読みながら、彼が人生から学んでいく姿に生々しく触れるとともに、私たち自身の人生とそこからの学びにいつのまにか目を向けていくよう誘われているでしょう。

定型的な科学論文形式ではない、フロイトの自己分析や症例報告、症例ヴィネットにみる精神分析独自の著述に戻るときが来ているのかもしれません。

ビオンの例

話題を変えましょう。

ビオンは「フロイトからの引用について（On a Quotation from Freud）」という一九七六年トペカにおけるボーダーラインについての国際カンファレンスでの講演をフロイトの一九二六年の論文「制止、症状、不安」の第Ⅷ部の一文の引用から始めています。

ここで引用しましょう：「誕生行為という印象深い中間休止（caesura）が私たちに思い込ませているよりも、はるかに多くの連続性が子宮内生活と最早期乳児期との間にはある」。ビオンはそこから、抑制を取り除いた自由連想を彼流に進めます。彼の言う科学的作り話を続けます。そして最後を彼の訓練分析家メラニー・クラインに言及することで終わります。

再び引用しましょう：「私が医学生だった頃、小さな黒猫が病院の前庭にいつも同じ時間に現われたものでした。その猫は「うんちをし」、それをきれいに隠した上で歩き去ったものでした。その猫はメラニー・クラインとして知られていました。メラニーというのは、その猫が黒かったからでした。クラインというのは小さかったからでした。そして、メラニー・クラインというのは、なぜならその猫がどんな抑制もしなかったからでした」。

ビオンは、フロイトとクラインから大切なことを学んだようです、考えることの自由という。精神分析臨床家には、無意識と意識を行き来できるために思考を自由にすることが求められます。それはやはりフロイトが『ヒステリー研究』で著述という形式で、その後自由連想法という方法として、最初に示したものでした。思考を自由にすることが、無意識に向けて鋭敏に開かれているための不可欠な方法なのです。

晩年のビオンは、精神分析の論文にはまったくうんざりすると言い、精神分析著作ではフロイトからの引用のみといってよいほどだったのですから、彼も方法の一つして、フロイトを読むことでそれを保ち続けたのでしょう。

おわりに：フロイトは読まれ続けるか

今日フロイトの著作は読まれなくなってきているらしいのです。

社会の物質的な豊かさや物理学の進展ゆえに、マルクスの資本論やアインシュタインの相対性理論がもはや読まれないことと同様に、人間そのものの進展によってフロイトが読まれなくなっているのなら、それは素晴らしいことでしょう。しかし今日の精神医学における脳神経生化学理解は進んでいても、人間理解は明らかに退歩しています。それでも今日フロイトが読まれないのは、それが流行っていないからなのでしょう。人間はいつの時代も進展していています、ただしそれはその幻想の中でだけです。

そうなのですから、フロイトはこれからもやはり読み続けられるべきものでしょう。理論や技法のテキストとして、入門書として、社会文化論・芸術論の書として。

しかし、私は何より、その個人にとっての精神分析体験のための書として、つまり私たち自身の無意識に触れておくための書として、フロイトの著作があり続けていることを述べたいのです。そして、その人が精神分析的体験としてのフロイトを読むことを通して、その人独自の読み方を発見することが期待されるでしょう。

まとめと勧め

私の勧める、フロイトを読むための手順を最後に述べてみます。

まず、フロイトの著作を一度全部読み通しましょう（たとえば、『フロイト著作集』（人文書院）、ただし書簡集は除く）。どんどん読めるように、電車の中、何かの待ち時間、寝る前のベッドの中、いつどこでもいいのです。このときは、わからなくてもまったくかまいません。むしろ、わからないのが当然です。わからなくても、そのまま読み進めて、とにかく一度全部を終わらせましょう。

その次に、巻末の解説などで最重要とされている限定された論文だけを取り出して、もう一度ゆっくり読み直しましょう。

それからは、すでに私が述べてきた意味で、あるいはインスパイアしてくれるという意味で、あなたが気に入ったどれかの論文を繰り返し読んでみましょう。機会あるごとに、繰り返し繰り返し読むのです。そこにきっと新しい発見が繰り返されるでしょう、フロイトの記述の中に、そしてあなた自身の中に。

第12講

補講2

精神分析文献の選び方と学び方

はじめに

前講は精神分析の土台を形成するフロイトの著作をどう読むか、文献学者としてではなく、精神分析臨床家としての読み方を書いてみました。そしてそこでは、自己分析の機会としてフロイトを読むことを私は勧めました。今回は必然的にフロイトからの進展として、精神分析臨床家なら私たちの手に入る精神分析の文献をどのように選び、そこからどう学ぶかについて述べてみましょう。

文献の選び方

もはや一〇〇年を越える歴史をもつ精神分析では、論文や著書は莫大なものです。そしてそれは日々増えていっているのですから、それら全部に目を通すことは完璧に不可能です。また精神分析のような学問は、一つの文献をじっくり吟味して初めてその内容理解が深まるものです。それにはそれ相当の時間が必要です。こうした理由から、私たちは時間をかけて読むに値する文献を選択しなければなりません。そしてもちろん、その文献は私たちの関心に適うものであらねばなりません。そうなると、どのようにして選ぶかが、第一に検討すべき課題です。

精神分析世界の地図を読んでおく

まず初めに準備しておきたいことは、今日の精神分析世界の地理を大まかに知っておくことでしょう。というのは、たとえば『精神分析入門』、『精神分析の今日的展開』という表題の本や「解釈技法の現在」といった論文があったとき、それらは特定の学派の視点からの、あるいはその学派における〝入門〟、〝展開〟や〝現在〟を述べているものだからです。その本や論文では、論旨の主張は正当であるという論述が当然なされていますが、もちろんそれはその学派の視点からの正当性であり、正統性なのです。そこで述べられる正当な見解の背後には、その学派独自に構成された基礎理論があります。それを知らないでは内容を把握し難い、あるいは曲解してしまうのは当然の帰結です。

例をあげましょう。一九六〇年代の米国では自我心理学が全盛を誇っていました。その地ではクライン派精神分析はまったくの異端扱いでした。そこには自我心理学が個人のこころの構造について、超自我、自我、エスという一者心理の構造を想定し、この三種の心的部分の対立や抑圧の作用を基礎理論としていたのに対して、クライン派は無意識的空想における自己と対象の交流という二者心理の構造とそこでのスプリッティングと投影同一化の働きを基礎理論としていました。ここにおいて分析技法論というところからは、自我心理学では不安や葛藤という深い心的内容よりもそれを覆っている自我の防衛という表層にあるものをまず解釈すると主張しました。一方クライン派は無意識の空想という想定に内在する心的内容と防衛の両方を分析当初から解釈します。こうして自我心理学の立場からは、心的内容にすぐに踏み込むクライン派の解釈技法は乱暴極まるという結論になったのです。一方、クライン派の立場からは、自我心理学の技法はアナライザンドが表出している素材（すなわち、無意識の空想）を適切に取り上げていないと見ます。結果として、互いの対立的曲解は長く続きました。

ちなみに元クライン派であったウィニコットが一九六八年に自我心理学派の拠点ニューヨークで彼の晩年の代表的なセミナー論文「対象の使用と同一化を通して関係すること」を発表しましたが、はなはだ不評で彼は大変落胆したと言われています。ウィニコットの考えが推敲されたその最終地点とも言える「対象の使用」論文を、自我心理学を基礎理論に置いている分析家たちに直ちにわかりなさいというほうが無理というものです。そもそも彼らには、〝対象〟という用語でウィニコットが何を言っているのか、からしてわからなかったにちがいありません。

読者は、その学派の考え方や技法が精神分析世界の地図のどこに位置しているのかを大まかでもよいから知らないことには、そこに使われている用語――たとえば「自己」、「対象」、「空想」、「ナルシシズム」、「転移」、「投影」など――の含む意味をたやすく他の学派のそれらと取りちがえたり混同してしまいます。

もしあなたがフロイトの著作から読み始めているのなら、それに付随している解説によってその後の展開や分派、すなわち地理や系譜をいくらか知ることができるでしょう。しかしその解説を書いている人もすでに何かの学派に彩られており、その視点から解説を書いているのです。そしてそれは、その人が誰の名前を解説や引用文献の中にあげているかでわかります。その名前がどの学派に収まる人かが、その著者の学派も示しているのです。

この世には精神分析世界の地理を示してくれている著書もあります。たとえば前田重治著『図説 臨床精神分析学』(一九八五)、小此木啓吾著『現代の精神分析――フロイトからフロイト以後へ』(二〇〇二)、十川幸司著『精神分析』(二〇〇三)などがあげられるでしょう。こうした著書を一度読んでおくとよいでしょう。

もちろん精神分析にいくらか詳しい先輩、知人に聴いてみるのも方法です。各地で開催されている基礎的な精神分析セミナーに出るという方法もあります。ともかくおおまかな精神分析地理と系譜は把握しましょう。これから選ぶ文献に着いている色をあらかじめ知っておくのです。

紹介してもらう

さて実際に文献を選ぶ方法の一つは、師や先輩といった先達に好ましい本や論文を紹介してもらう方法があります。手間が省けるよい方法ではあります。ですから、この方法は初心者の人なら活用してよいものです。そのときは、この人に教えてもらいたいと思う人に文献を紹介してもらうことが大切です。漫然と誰からでも何でもよいという気持ちでは、内容が難しかったり退屈だったりすると読み通す意欲が消えてしまいやすいものです。

ただこのときも注意点があります。それはやはり、その紹介者である先達がどのような学問的オリエンテーションにある人かをきちんと認識しておくことです。あなたがまったくの初心のときにはこのことはさほど問題にならないでしょう。しかしやがて、あなたが自分の関心を自覚するようになってきたなら、その先達の提供する知識や考えとは異なるところにもあなたは目を向けたくなるでしょう。これは前進過程での自然な動きです。ですからこそ、そのずれは認識されていることが大事なのです。

入門書・紹介書を読む

ある学派やある著者の考えや技法を知りたい、全体像をすばやく把握したいということであれば、入門書や紹介書を読むのは便利な方法です。

私のまわりを今見回しても、『メラニー・クライン入門』(Segal, 1977)、『ビオン臨床入門』(Symington, 2003)、『入門　メルツァーの精神分析論考』(Cassese, 2005)といった著作が目に入ります。最後にあげたメルツァーの入門書などは、簡潔に整理されており実にわかりやすいものでした。原著を読み込まずに、その分析家や学派の理論の主要ポイントを把握できるのはまったく便利です。つまり知識の整理に適しています。実際、知識の整理も大切と思います。

しかしながら、読み込まずに、と書いているところに重大な意味があるのです。私たちが臨床家であるなら、読み込まなければならないのです。知識を得る、頭でわかるのではなく、体感的なものとしてつかむ必要があるのです。そのためには原著を読み込んでその著者と対話し、「ああ、そういうことなのか」と感じ入る体験こそが、精神分析臨床家としての進展にはとても大切なのです。それは入門書、紹介書からは不可能です。こうした限界を知って、これらの書籍は読みましょう。

著者を選ぶ

ここまでは、ある種、定められたルートを見つけて、それに沿って道を歩いていくような方法でした。ここからは自分で道を切り拓くことになります。

精神分析の入門書や解説書を読んでいると、そこに紹介されている特定の分析家たちや精神分析学派の考え方や技法は優れているようだとか、魅力があるとか、有用だという思いが湧いてくるでしょう。そこで巻末の引用文献欄に目を通します。そしてそこに並んでいる文献を読んでみようという方向が定まります。そこからさらに、その著者が引用や参照している著書や論文が目に留まります。こうしてあなた独自のルートが拓かれます。やがてその中に、あなたが気に入る分析家が見つかるにちがいありません。その人の著書や論文を読みこなすのです。

ここでも注意が必要なことが一つあります。どんな精神分析家も最初から考えや技法が完成されていることはありません。フロイトしかりで、むしろ臨床経験を重ねながら微妙に、ときとしてドラスティックに変化していくのが、その進展の一般的な筋道です。ですから、その分析家のどの時点の文献に自分が魅かれるかも、あるところで認識しておく必要のあることです。また、ひとりの分析家の思索や技法での変遷の歴史をたどる読み方も、臨床経験に基づく技法形成や理論化について学ぶところが多いものです。

歴史的に高い評価を得ている重要論文・著作を読む

精神分析の分野によって高い評価が確立されている重要な古典論文があります。たとえば、逆転移といえば、ポーラ・ハイマンの「逆転移について」(Heimann, 1950) は抜くことができないでしょう。解釈をめぐる技法論といえば、ジェイムス・ストレイチー「精神分析の治療作用の本質」(Strachey, 1934)、空想といえば、スーザン・アイザックス「空想の機能と性質」(Isaacs, 1948) を抜かすことはできません (後述の『対象関係論の基礎』(松木、二〇〇三) にすべて収録)。

このように精神分析界全体の公認、あるいはその学派公認の必読文献があるものです。それらを見出して読んでみるのも、効率のよい読み方です。確実な基礎固めをすることができるでしょう。そこからその主題の今日的見解に向かうと、理解がまとまったものになりやすいでしょう。

では、どこからこれらの重要な古典論文を知ることができるでしょう。それはテキストブック的な著作に目を通すのが方法の一つです。たとえばサンドラー他の『患者と分析者――精神分析の基礎知識』(Sandler et al., 2008)、藤山直樹著『集中講義・精神分析　上』(二〇〇八)があります。前述した前田や小此木、十川の著書はここでも活用できます。また、『精神分析事典』からも調べられます。とくにこれらの著作に重なって登場する論文は注目に値します。ちなみに私が翻訳にかかわった『メラニー・クライン　トゥデイ①②③』(Spillius, 1993, 2000)も、編者スピリウスの総説と一九八〇年代までのクライン派の必読論文を集めた著書です。さらにそれを補う、スピリウスの編集期以前の一九三〇年代から一九六〇年代までのクライン派必読の古典論文を集めて『対象関係論の基礎』(松木、二〇〇三)と題して私は編集しています。

年代を選ぶ　新しいものは読まない

精神分析の論文、著書はその評価が確立されるには歳月を要します。発表後、少なくとも一〇年、二〇年が必要です。出版当時はかなり評判でも、その後忘却の彼方に消えてしまったものは少なくありません。むしろ出版された当初はまだ評価がはっきりしていなかったものが、二〇年、三〇年を経て高い評価を得ていくことが本物の証と言えるほどです。ですから真新しい論文を読むのは好奇心や進取の気性に富んでいて、それはそれでけっこうです。けれども、ただその時点で注目を浴びている、つまり流行しているということで選ぶのであれば、それは必ずしも望ましいとは言えません。

こうして考えますと、まださほど経験を積んでいない臨床家ではまず、少なくとも発表後二〇年ほどは経ていて評価が確立している文献を読むことが望ましいでしょう。

論文の引用文献から選ぶ

しかし論題や著書名が関心のある領域であったりして、新しい文献を読んでみたい気持ちに駆られることもあるでしょう。そのときの選択には、やはりその著者がどの学派の人かが大きなポイントになります。それは論文や著書自体は読まなくても、サマリーを読んだり、著書の紹介文を読むとわかります。

もう一つのポイントは引用文献です。引用文献の著者名を見れば、その論文の志向性がわかります。これが大きな参照源なのです。私の場合、ビオンが引用されているかが大きなポイントです。それによって振り落としをおこないます。たとえクライン派精神分析の文献でも、ビオンが入らないものには食指が動きません。逆にクライン派でなくても、ビオンに多く拠っているものは興味をかき立てられます。また、ビオンのどの論文、どの著書を引用しているのかも関心を呼ぶところです。集団についての論文のみであるなら、私はパスするでしょう。しかし、「考えることについての理論」や『経験から学ぶ』に始まる四つの著作を引用しているのなら、読んでみたくなります。

また私は引用文献が膨大なものは読みません。なぜならそうした文献は、たいてい総花的でオリジナリティに乏しいものだからです。そこからはこころが浮かび上がってきません。

文献の読み方

さてここで、選択した論文、著書をどのように読むかというところに来ました。

精神分析の文献とは、分析臨床経験をもつ個人が同じ方法を実践する個人に伝える実技の書、実利の書なのです。極端な表現をするなら、精神分析家はその人自身の精神分析臨床実践を自分のものとして確立するために、理論や技法論を作っているのです。それだけのものです。ただ、それが同じ志をもって臨床実践している人に、とりわけまだ経験が少ない人に役立つことがあるのです。それゆえ精神分析の文献は、精神分析的な臨床を実践しながら、その臨床実践と文献内容を行き来することでわかってくるものです。つまり精神分析の治療構造と分析的姿勢、技法が実践されているという前提の下に、その文献の記述は生きてきます。

そのような精神分析臨床実践が皆無の人――臨床が無経験ということだけでなく、精神科一般診療や構造化されない心理面接だけの人を含みます――においては精神分析の文献を読むことは、哲学や社会学や心理学の書物を読むこととそれほど変わらないでしょう。

“私の”発見

精神分析の文献は、一度読んでも著者が主張したい論点やオリジナリティは何なのかよくわからないのが普通です。その理由はたくさんありますが、私は問題の一つは、一つの論文に含まれている情報量が多すぎることと著者自身の理解がその時点ではほんとうには十分整理されていないとのことがあるように思います。

ともあれ、最初に読んだときは、よくわからないことにめげないことです。一度読んだだけでわかったようなことを言う人もいますが、それはその人がわかっているとしても、その理解は浅いのです。あるいは知的な段階です。精神分析の文献は、深く読むことでパーソナルに意味が得られますから、それはわかっていないのと同じです。一度だけ読んでみて、あまりよいとは思わないから、もう読むまいと思うのは一つの判断ですが、すらすらと読んで、この論文はわかったから次の論文に移ろうとするなら、おそらくその人はその文献からは、実践する臨床家としては何も学んでいないと思います。

「よくわからないけど、大事なことが書いてあるみたいだな」と思うところでよいのです。その好奇心から、もう一度読んでみようと思うことが大切なのです。そして、もう一度読んでみると、（自分のケースのことが思い浮かんだり、あるいは自分自身のことと重ねたりして）前に読んだときにはわからなかったところが理解できたり、気づかなかったところが目に入ります。大切なことは、この〝私の発見〟なのです。この小さな発見の積み重ねが、分析臨床に役立つ知識が身につくことなのです。

そこでさらにもう一回読んでみましょう。また小さいけれど、新たな発見や気づきがあるでしょう。この作業が深く読むということです。このように気に入った論文を繰り返し読むことこそが、私たちの考えと実践を緊密なものにしてくれるのです。というより、こうした読み方ができないと、精神分析の偉大な文献学者になってしまうか、鋭利な理論家になるか、臨床の背景となる確実な理論を持たずモザイク的な寄せ集めの考え方に留まる実践的臨床家になってしまうのです。

繰り返し読むことは、読むという行為が著者との対話を進めていく過程です。読み返すことによって対話は深まり、私たちの問いかけの声は大きくなります。そして著者もそれに返してくれます。また著者が返してくれる著作でなければ、好ましい著作とは言えません。

ビオンの論文に「考えることに関する理論／思索についての理論（A Theory of Thinking）」（Bion, 1962）というものがあります。英文で五ページほどの短いものです。私は最初にこの論文に出会ったとき、ほとんどわからないながらも、ここには独創的で貴重なことが表わされていると感じました。そして二年弱の間に七回じっくりと読みました。それによって、最初の〝よくわからない〟という感じが、〝まだわからないところが確実にある〟という感覚に変わりました。この論文への好奇心は高まったのです。それとともに、やはりこの論文は素晴らしいものであると確信しました。数えていませんが、その後現在まで、つまりこの論文に出会って二〇余年間の間に、おそらく三〇回以上読んでいると思います。私はこの論文に私がまだわかっていないところがあることを自覚しています。ですから、また読むつもりです。

何回か読んだとき私は、この論文の臨床的含蓄をかなりつかんだように感じました。しかしそれは読む回数を重ねるごとに、少しずつ感覚を修正しながら深まっていきました。そして去年読み直したとき、陰性治療反応にかかわるまったく斬新な見解がここにあるという新たな臨床的含蓄を私は発見したのでした。

この論文を読んでこられている方の中には、今度私が発見したことをとっくの昔に見出していた方もおられることでしょう。「今ごろになって気がついたのか」とあきれられているかもしれません。しかし、わかっているあたり前のことを今更としてまったく新鮮に発見するのが、精神分析の中のふたりですし、それが私たちの人生でもあります。精神分析臨床では、取るにたらないものかもしれないものへの、この〝私の〟発見というところが何より大事なのです。この私の発見――新鮮な驚きとささやかな満足――という体験が困難な人には精神分析臨床は向いていないのかもしれません。

私はこの「考えることに関する理論」をもっと理解したいと思い、その視点からビオンの前著「連結することへの攻撃」や「幻覚について」などをいく度も読み返しましたし、この論文をさらに深めた著書『経験から学ぶこと』も何度か読みました。もちろん芽生えた関心は、それに続く著書『精神分析の要素』、『変形』、そしてセミナー討論集へと向かうことになりました。また、この論文のルーツといえるフロイトの「心的現象の二原則に関する定式」を何度も読み返すことにもつながりました。それがまた、ケースメントやコルタート（Coltart, M.）の論文を読み直す横道を開きました。進展を探る道としてはメルツァーの著作やブリトンの著書『信念と想像』(Britton, 2002) に向かいました。

臨床経験から読み、自己分析から読む

精神分析の文献は、一般論、あるいは無数の匿名人にあてはまるものとして読まれるべきではありません。

つまり社会事象や文化現象として読むものではありません。ある特定の個人のこころに則したものとして、パーソナルな視点から読まれる必要があります。その特定の個人とは、あなたが現在みているか、かつてみていたあるクライエントであるか、あなた自身です。こうした個人のこころの生きた何かを呼び起こさせないのなら、その文献は有用とはいえません。それは論文の責任だけではなく、読む読者の責任でもあります。

それは、私たちがこころを感じながら、こころの事象に思いを巡らしながら、読むということです。前講「フロイト著作の読み方」に書きましたように、精神分析体験として、すなわち自己分析の機会として読まれるべきものなのです。たとえそこに書かれていることがあなたのクライエントについてあてはまるとしても、そこがあなた自身もあてはまるところを見出すことが重要なことなのです。前者のクライエントに該当するという理解は観察ですが、後者の自分に該当するという理解は体験を含みます。後者があって初めて、私たちはクライエントを真に理解することができます。それが精神分析臨床の実践です。

この読書行為をおこなっていると、最初のうちは、思い浮かぶこころの容態と記載事項が直結して、書かれている内容がクライエントと自分自身にそのまま直にあてはまるかのように感じられます。それは胸の痛みや排便時の血痕らしきものが気になって、『家庭の医学』やインターネットで調べると、肺癌や肺膿瘍、大腸癌ではないかと思ってしまうこととよく似た感じ方です。しかしそうではあっても続けていくならだんだんと、ほどよい距離感のもとに読めるようになってきます。私たちは著者と対話し、もうひとりの自分とも対話していくのです。こうして文献の精神分析的な読み方が身につくのです。

おわりに

精神分析において、さらには心理臨床や精神科臨床の全般において、どのような考え方や方法が気に入るかは、おそらく私たち自身の既成の在り方に大きく規定されているように私には思えます。つまり、無意識のうちに私たちはもともとの自分の傾向を肯定するものを選ぶようになるのです。しかしそれがそのままでは、みずからの防衛的在り方をより硬くする行為を職業生活で実践していることになります。そうではなく、こころの柔軟な弾力を高め、かつ広げる読み方をすることが大切なことです。それには、やはり自己を分析しながら読むことが有意義です。個人分析を受けながら読むという作業もあるでしょう。

このように精神分析での読むという作業は、個人の分析作業と切り離せません。そこで次講は、訓練としての個人分析に触れてみます。

第13講

補講3 個人分析を語る

はじめに

精神分析臨床家は、みずからが精神分析を受けているものです。その体験が個人分析です。それをどのようなシステムの中で受けるかによって、その呼び名が訓練分析（教育分析）、個人分析、治療分析など変わることもあるものですが、精神分析の臨床家として働くのなら、不可欠の本質的な訓練であり、精神分析という臨床活動に特異なものでもあります。

私には幼稚園から高校まで同じ学校に通った幼馴染がいます。私より遙かに優秀な彼は某国立大学医学部を卒業し、現在は某私立大学医学部臨床部門の教授として働いています。余談ですが、彼がいつもそばにいたことで、私は自分が優秀であるという自己愛的万能空想をつゆほども抱かずにすみました。あるとき彼と精神分析の話になったのですが、精神分析の実践家はみずからも精神分析を受けるのだと私が言ったところ、彼は「そうなのか」と応えたもののよくわからないという、いささか理解に余るといった表情を見せました。これは一般の人に見る代表的な反応です。

わが国で否定されがちなもの

けれども、それは一般の人にかぎらないのかもしれません。

わが国に精神分析の知識が紹介されたのは一九二〇年代であったようですが、臨床活動としての精神分析は、ウィーン留学後の古澤平作が一九三四年に東京に精神分析クリニックを開設するまで存在しなかったと言えるようです。当然ながら古澤は、精神分析を学びに来た精神科医や心理臨床家の訓練分析を実践しました（もっとも武田専先生のように、自分は治療として精神分析を受けに行ったと言われている方もおられます）。しかし古澤の後には、訓練分析や個人分析は強調されないものとして精神分析訓練の背景に退き、スーパービジョンが興隆を極めました。

私が精神分析学会大会に出席し始めた頃、すなわち一九七〇年代後半から一九八〇年の初めあたりには、個人分析不要論が相当幅をきかせていました。

「スーパービジョンで十分に個人分析を代行できるし、個人分析はむしろ害になる」と声高に主張する著名な精神療法家がいました。皆感心して聴いており、反論も出ないありさまでした。この方は、スーパービジョンをそのスーパーバイジーの個人的な困難点や病理を取り上げる機会にしていたようです。もちろん、この方は個人分析を経験していません。後に耳にした風聞によりますと、この方は個人分析を受けたいと希望したが、当時の精神分析の上司から否定され、海外研修にやられたとのことでした。不幸な話です。

この時代、個人分析を受けたおかしい人の噂がよく出ていたように思います。実際、私が一九八〇年代半ばに個人分析を受けに行くようになったとき、私の職場の上司も、〝あれは分析を受け始めてから変になってきた〟と批判していると間接的に聴いたことがありました。それは明らかな誤解でした。なぜなら、それ以前から私は十分に変でしたから!!

このように精神分析は大いに求められながらも、その訓練としての個人分析を否定する空気は、かつては濃厚にあったのです。そこには精神分析に関心をもち実践していた当時の臨床家たちが抱えていた、わが国のその時代の文化に染められた感覚が大きく影を落としていたのだと私は思います。それぞれの地域で精神分析の指導的立場に立った臨床家たちが、その人自身やその人がかかわる組織の持つ負の部分について、精神分析的きょうだい、あるいは親戚ともいえる個人分析を引き受ける人たちに知られてしまう「身内の恥」という感覚に支配されていたのだろうと思います。それから歳月を経て、文化が変わり世代が代わって、現代の私たちはようやく解放されたように見えます。

今日でも、「個人分析を受ければいいというものじゃない」という旨の考えを発言される臨床家もいます。それは、その通りなのです。しかし「やればいいというものではない」というこの見解は、スーパービジョンにも臨床セミナーにも、あらゆる訓練にあてはまるものです。あらゆる訓練は、それが形式的、マニュアル的に形骸化してしまったとき、また権威主義に覆われてしまったときには、無益なだけでなく害にさえなります。私が思うには、こうした発言者は個人分析に連想されるふたりの濃厚なかかわりに何か不気味さやうさん臭さ、非現実的理想化を感じられているのではないでしょうか。だから、「そこまでしなくていいだろう」という考えになるのかもしれません。ちなみに、精神分析はまともに体験するなら、確かに人生そのものに影響します。

ですから、ここのところは私たちがどのようなスタンスで精神分析にかかわっているかによると思います。端的に言えば、職業的役割との関連のみで、あるいはパーソナルな関心事の一つとしてかかわっているのか、それとも自分という人間の在り方に本質的にかかわるものとして精神分析にかかわっているのかのちがいです。前者なら、その人個人の在り方に深く入りたくも入られたくもないでしょう。それも、一つの選択です。しかしそれを声高に主張する必要もありません。後者で「毒を喰らわば皿まで」という徹底性に至るなら個人分析は必須になりましょう。

なぜ個人分析を受けるのか

では、なぜ個人分析を受けるのでしょうか。

まず第一に、それは、（すでに使ったことばを踏襲するなら）「変」だからです。

その変は、自覚的に変であることもあれば、こころや生活が困った状態にあって自分としても変と考えざるをえないので変であると認める場合もありましょう。自分自身は変だとは思わないが、自分にかかわる周りの言動から変だと考えざるをえないという場合もあります。こうしてみずからの変なところを変でないようにしたいという動機が、そして、できるものなら望ましい自分になりたいという動機が、精神分析を求めさせます。ですから自分を変だと思わない人、変だと思いたくない人は精神分析を受けようと思いません。その人は自分を変だと思わないほど変なのかもしれませんが、もしかしたら変でないのかもしれません。

ここで「変」を「病気」と置き換えることも可能であると思います。ただ「病気」ということばには（穢れているといった）差別感が伝統文化的に付与されています。ですから、「病気である」という表現の方が内なる抵抗が大きくなります。また科学的視点から見るなら、脳は病気になりますが、こころは病気になるものでしょうか。しかしこの論議は別の機会に譲りましょう。

筒井康隆は「人間、みな病気」と書きました。けだし名言です。人間、皆変なのです。けれどもここで私たちにとって大事なことは、変であるかないかではなく、〝自分がどのように変なのか〟、〝自分がどのように偏っているのか〟を熟知することなのです。

この熟知するためのもっとも適切な機会を提供してくれるのが、精神分析なのです。陰惨な犯罪が起こると、「こころの闇」ということばが飛び交いますが、私たち自身のこころの闇に目を向けるのは、精神分析を通してしかできにくいものでしょう。

ここに個人分析を受ける二つ目の理由が出てきます。

他者のこころにかかわる臨床家として、十分に機能するための態勢作りが私たちには求められています。すなわち、私たちのこころの闇や変なところが他者のこころを理解することを妨げたり他者から搾取することにならないように、専門職として準備しておくことは必要かつ当然なことです。つまりこころの臨床家としてよりよく機能するために、個人分析は必要なのです。

なぜなら私たちの臨床では、クライエントのこころにかかわるのに、私たちのこころを使うからです。それが精神科医としての仕事であれ、臨床心理士、ソーシャルワーカー、看護師としての仕事であれ、こころにかかわる仕事に携わっているのなら、薬物投与、社会技能訓練、認知療法、看護や世話をその実践者のこころ／パーソナリティを排除してできるはずもありません。「エビデンス・ベースト」、「脳科学」という用語の濫用でみずからのこころの存在に目を向けないようにしても、こころがかかわっているのが現実なのです。そうした私たちのこころには何の問題もないのでそのままでよいと考えるのは、あまりに無邪気で自己愛的でしょう。「目を閉じたら、怖くない」と言っているようなものです。

ここにもう一つの理由があります。それは個人分析を通して私たち自身のこころの偏り、闇を見ていく作業そのものが、私たちのクライエントのこころの病理を理解しそこに働きかけるときの、体験的実感をともなう貴重な指標になるのです。つまりこころの臨床家としての物差しとして役に立つのです。むしろこの物差しを得て、私たちは初めてこころの臨床家になると言ってよいでしょう。私たちの中に精神病恐怖や抑うつ恐怖、依存や攻撃、恥、弱さへの怖れがありそうです。そのままでは物差しの欠けた臨床家のままです。

これらの問題の解決は、自己分析をすれば達成できると言う人もいるかもしれません。理想的にはそうありたいものです。しかし自己分析だけでは大きな限界があることは、フロイトその人が示していることはその後のフロイト研究が明らかにしているところです。それをあなたはひとりでなし遂げられると思うのは、ちょっと素晴らしすぎるのではないでしょうか。

さらにこれは付録のようなものですが、個人分析の経験によって、その分析家を通して分析的構造の作り方、保持の仕方、さらには精神分析的臨床家の身繕い、ふるまい、物腰、ことばの選び方、使い方、タイミングなどの臨床スタイルを実際に見聞し、身に付ける機会を得ます。つまり実体験として、教師かつ反面教師との出会いがあります。

個人分析の体験中に、その自らの個人分析体験と、自分のケース、文献の内容、セミナーのケースなどに照らしてみることでケースや文献の理解が深まるとともに、自己理解も深まるという相互作用も起こります。こうして、私たちの分析臨床機能を向上させる機会を得るのです。

個人分析を受けたらどのようになるのか

個人分析の効用

前項で個人分析を求める動機として、変なところ、偏ったところをまともにしたいという点をあげました。その結果はどんなものでしょう。

精神分析体験を経て、そうしたこころの病理部分が望ましい方向に修正されることはありうることです。しかしそれには留まりません。

個人分析を受けると、その結果自分が問題のない人間にならなかったとのことを、身をもって体験します。そのような魔術的万能感、自己愛的自己を幻滅させてくれます。

言い換えますと、私たちが生きていくための能力だけでなく、抱いていた目標や理想の設定そのものに問題があったこともわかってしまいます。さらに現実と勘ちがいしていた、偏った自己愛的空想のもとに他者とかかわっていたことがわかってきます。加えて、この自己愛、万能が解消しないことを知ることになります。この認識は、人として大切な達成であると私は考えます。

それは裏を返せば、自分が思っていた以上に広範囲に問題を抱えた病的な人間であったし、今もそうであるとのことに気づかせるという、明白ながらひどく苦痛な事実を知るような気がします。そしてその病的な在り方が、たとえ分析を受ける人がすでに変だと思っていたとしても、自らがあらかじめ思い描いていたものとはちがって、もっと深刻であるとのことを体験します。それは、きわめて苦痛な体験の期間です。ここにも個人分析が避けられる理由があります。

しかし不思議なことに、この個人分析が首尾よくいくなら、その事実からの苦悩やこころの痛みにもちこたえる力をもたらしてくれます。人はおのれに克ちたがります。しかしおのれの弱さを認め、それを受け入れることもそれ以上に大事なことなのです。失ったもの、保持できていないものを承認し哀悼する〝悲しむこころ〟も達成なのです。

ここで私はニーナ・コルタートのことばを思い出しました：「他の専門職が自己の強さの上に築き上げられるのに対して、精神療法家は自らの弱さによって磨き上げられるのです」(Coltart, 1993)。

こんな力や気づきは、まったく無価値なものだと思う人もいるかもしれません。けれども、自分の事実をほんとうに知ることに意義があると思える人もいるのです。

すでに述べてきたことなのですが、私たち自身を他者を理解していくその物差しとして使うための視点と感覚を手にすることができます。自分自身の気持ちの動きや在り方の普通なところと変なところを知り、その偏りを認識した上でクライエントにかかわることができることです。これは、臨床的に使えるこころの部分が広がり深まることでもあります。

個人分析での分析家との体験の内在化によって、みずからを省みるこころの姿勢が確実に身につきます。こうして個人分析は、その後の自己分析の基盤になります。

何より大切なことは個人分析で完結してしまわないことです。その後に自己分析を続けることが欠かせません。その意味、個人分析は、とっかかり、必要条件にすぎないのです。私たちのこころがクローズトなシステムにならず、開かれたものであり続けるためには、すなわちこころの臨床家として機能するためには、自己の観察や分析の継続は欠かせないものです。

その負の影響

個人分析の負の作用も知っておくべきでしょう。

一つは、その分析家のまったくの模倣になる場合があることです。そこでは自分自身についての事実を認識するという作業がなおざりになり、その代わりにその分析家という衣装を着込んでいるのです。そのままでは、その人自身としての精神分析臨床家になることができず、精神分析臨床家とそっくりな人になってしまいます。

このケースでは、分析家の側にもそれをうながすという問題があることも少なくありません（これは、スーパービジョン関係でも起こりえます）。それは分析にいるふたりの関係が、迎合的なよい関係という個人分析の形をとることもあれば、いささかサドーマゾ的な関係の形である場合もあります。前者の例をケースメントは『人生から学ぶ』(Casement, 2009) に彼が最初に受けた個人心理療法で描いています。後者については、ラカンがそうしたやり方をあえてしていると語ったと彼と知り合った日本人の女性随筆家が書いていたのをかつて読んだことがあります。いずれにしても、この結果は、前者ではアズ・イフ的に、後者では攻撃者との同一化として、その分析家にそっくりという新たな硬い防衛を着込むことになってしまい、独断的な態度をとりやすくなります。それは、もともとの分析家以上にそうなりやすく、ゆえに傲慢さが身に付きます。

次に、これはまれなのですが、潜在性の精神病にあった人が精神病性の破綻をきたすことがあります。そうなると、精神機能が慢性に低下してしまうことになりかねません。

これらは、分析関係という閉鎖された濃厚な二者関係から負の産物として発生してきます。そしてその個人分析の中に在る人が、周りとのつながりが希薄で孤立しているときにより現れてきやすいものです。臨床仲間のつながりを大切にしておくことが予防に役立ちます。

個人分析が役に立たない場合

すでに述べてきましたように、当然ながら、個人分析が万能的に有用であるわけではありません。では、どんな場合に個人分析が役に立たないのかをみてみましょう。

まず、その人自身にみずからを知りたい、みずからをどうにかしたい（変わりたい）という動機づけがないことには、みずからの現実／事実を見つめていく過程に生じてくる苦痛にもちこたえることは困難です。

ですから、訓練の一環あるいは経験としてという理由だけで個人分析を受ける場合という、外的動機づけに由来する問題はここにあります。どれほど外的動機づけがあっても内的動機づけの不在は、個人分析には致命的なのです。

『フロイト体験』(Wortis, 1954) という著書があります。ニューヨークの精神科医ジョセフ・ウォルティスが一九三四年に四カ月間、ウィーンで晩年のフロイトに個人分析を受けたその体験を著したものです。その結果は、この著者の指導的友人であるハヴロック・エリスが読後正確に指摘しました：「ここには君自身についてでは、何も語られていないのではないか」と。読むとわかりますが、無益な精神分析がここにあります。ウォルティスは当時の米国精神医学の風向き、〝流行〟に敏感に反応して、フロイトの精神分析を受けたのです。それだけでした。動物園にパンダを見にいくのと一緒です。この著書の中に見る、分析セッション中のフロイトも困惑していました。

もちろん実際には、訓練あるいは経験として受けると称していながら、みずからの問題を意識的にか前意識的に知っている人たちでは、分析の中で訓練や経験という建前が消え、もっぱら自身を見つめ考えるという方向に進みます。これは望ましい展開です。しかしその分析が訓練である、経験であるという考えに固執する人もいます。要するに、そうした形でみずからの内面を見ることから逃げ続ける姿勢をとっています。そのままなら、分析は役に立ちません。

また、たとえば抑うつ状態に陥ったりしたため、指導者や知人の専門家に勧められたということで個人分析を受け始めることにしたものの、内面に触れられるとひどく怯えてしまい、反射的と言っていいほどに過度に防衛的になってしまう人がいます。あるいは内面に触れられると、それがあたかもその人の人間としての尊厳を傷つけられたかのように被害的になって憤怒を示す人がいます。これらの反応が度を越している場合は、分析は役に立ちません。もともとの本人の内的動機づけは希薄だったのです。

倒錯的な人――ここで言う倒錯は、性倒錯のようにそのまま倒錯が表在化している場合だけではなく、こころの倒錯という、こころの痛みにもちこたえるよりも苦痛を排除し快感で覆うこころの在り方を述べています――では、分析は役に立ちません。それはこの人たちが表面では自己理解を深めることをめざしているかのようにふるまっていても、実際には巧みに苦痛を避け、快感や直接的な利益を確実に得ることのみに着目しているからです。根本では事実を知ることや学ぶことを嫌悪しているのです。この人たちが訓練分析を受ける場合ほど厄介なことはありません。

分析臨床に役に立たないとき

視点を私たちの分析臨床に戻したとき、個人分析の経験が臨床現場で役に立たないときがあります。

私たちがまったく経験したことのない、それに近似する経験もない、そのような経験をしてきたクライエントと出会ったときには、個人分析で得た私たちの内的資産はそのままでは役に立ちません。では、どうしたらよいのか。それはひたすらクライエントに耳を傾け、クライエントを感じ続けようとすることです。これが唯一の方法でしょう。

しかしこの姿勢もまた、個人分析の体験の中で得たものなのかもしれませんが。

おわりに

よく耳にするのは、それまで対面法の面接を臨床家として経験してきた人が、カウチを使う個人分析を私との間で体験し始めるとき、これは自分のおこなってきた面接とはまったくちがうと語ることです。体験することで初めて知ることなのです。それはどれだけ書物を読んでも、あるいは体験者の話を聴いてもわからなかったものを知ることなのです。そうしたことに意義があると考えるのかどうかも、あなた自身にかかっているのですが。

第14講

補講4

スーパービジョンの使い方

はじめに

精神分析臨床家の訓練としてのケース・スーパービジョンの実践は、わが国の精神分析世界では確実な歴史をもっています。

故小此木啓吾先生は、個人スーパービジョンという訓練形式で多くの後継者を育てられました。土居健郎先生のグループ・スーパービジョンでのコメントはとても厳しいものであったという風評を聴いたことがあります。私自身も西園昌久先生のグループ・スーパービジョンで学んだ時期がありました。このように、わが国の精神分析臨床の創始者古澤平作に続く第二世代の分析家たちは、どちらかと言えば、スーパービジョンによる指導を得意としていたようです。ただ当時、こうした先達から学ぶには、いわば弟子入りのような、たとえばその指導者のいる精神科教室に入局するといった形態をとらないと教えてもらうのが難しかったように思います。それ自体が、当時の文化の中での精神分析を具現化しています。私自身もそれゆえ心療内科を辞めて、精神科教室に入りました。

けれども今日では、日本精神分析学会が学会認定制度でスーパーバイザーを公認しているように、スーパーバイザーの層が格段に厚くなりました。また、そうした精神分析臨床家たち以外の人たちによっても、精神分析での必須の訓練としてスーパービジョンはさらに幅広く供給されています。さらには精神分析の訓練が、学閥を離れインスティテュートや研修グループに所属することで受けられるようになりました。かつてに較べて格段に、スーパービジョンが受けやすくなりました。

しかしスーパービジョンから何をどう学ぶかは、受ける側が意識的にもっているべき切実な課題です。提供されたスーパービジョンを受ける側の能動的な学び取る姿勢が不可欠なものです。スーパービジョンの有効な活用法を検討してみましょう。

スーパービジョンで学ぶこと

学び方の中核

スーパービジョンが供給してくれる訓練は何でしょうか。

それは、ケースの読み方と介入の技法です。ケースの経過全体と個々の分析セッションでのクライエントのこころの無意識の在り様とそのダイナミクスの理解――ここには〝見立て／アセスメント〟も入ります。見立ては分析経過で変わりうるものです――、その理解に基づいた実践的な分析技法の修得と言い換えることができます。つまり、精神分析臨床家としての専門的な技術の向上です。これを精神分析の用語で表現すると、転移にかかわる技能の修得と言うことができるでしょう。

こうした理解と技法は密着していますが、実のところクライエントのこころの在り様と動きについての理解がなければ、介入技法は活用できません。そこでまずは精神分析的理解力――こころの無意識的な様態の感知――を高めることが先決なのです。

この事実を表わした例を一つあげてみます。クラインの後継者スィーガルが一九六七年に書いた「メラニー・クラインの技法」(Segal, 1967) という論文があります。その論文の九項目ある小見出しをあげますと、〝基本理論〟、〝空想の概念〟、〝初回セッション〟、〝妄想－分裂態勢〟、〝抑うつ態勢〟、〝躁的防衛〟、〝エディプス・コンプレックス〟、〝徹底操作〟、〝分析の終結〟となっています。おわかりのように「技法」と題された論文にもかかわらず、小見出しからして理論の解説、つまり理解の枠組みの紹介が中心です。技法に関係がありそうなものは、〝初回セッション〟と〝徹底操作〟です。ところが、読んでみますと〝徹底操作〟は羨望という概念の解説ですし、ただ一つ〝初回セッション〟の項のみが技法に触れているにすぎません。

さて、これからがポイントです。スーパービジョンでは、そうしたケースに則した理解をスーパーバイザーがコメントしてくれます。このときそのコメントを記録なり、記憶なりすることは大切ですが、そこで終わってはいけません。もっと大切なのは、スーパーバイザーがどのようにしてそのコメントに行き着いたかをわかろうとすることなのです。ケースの語ったことやふるまいのどこを知覚、着目して、何と結びつけ、それをどのように考えたのかという、スーパーバイザーの知覚の仕方と思索の筋道を理解しようとすることが重要なのです。端的に言えば、スーパーバイザーの視点をつかむことです。

「スーパーバイザーの指し示したところを見るのではなく、スーパーバイザーの発言の起点を覗き見ること」。

スーパービジョンで学ぶことは、この作業に尽きるといってよいでしょう。というのは、この方法が介入技法を学ぶときにも有効だからです。スーパーバイザーがどうしてそれらのことばを使ってそのように表現するのかを、筋道を追って考えつかむことが技法を身につけるこつなのですから。この作業にもっとも時間をかけることとです。そしてこの作業はスーパービジョンの記録を見返しながら、自分でできます。むしろ、自分ですべきことです。ここにこそ、時間をかけねばなりません。それはやがて、スーパーバイザーとの直接の討論、さらには内なる討論に発展するでしょう。あなたが臨床家として力をつけたいのなら、そうでなければなりません。

スーパーバイザーが語ることをただ鵜呑みにして、クライエントにそのままを繰り返すだけでは、スーパーバイザーのメッセンジャーにすぎません。それでは、「精神分析臨床家にそっくりの人」になるだけです。少なくともあなたは、決してそれを目標にしてはいないでしょう。

利点

スーパービジョンによって得るものは、理解や技法の他にもたくさんあります。スーパーバイザーの言動を通して、分析臨床家としての基本的な姿勢や枠組みを学ぶでしょう。スーパーバイザーが発する「こころに響くことば」や「真摯な問いかけ」がこころに残り、それが自分のことばになることもあるでしょう。スーパーバイザーが精神分析過程をともに歩んでくれるに支えられ、不安を乗り越え、新たな感性を得ることもあるでしょう。スーパーバイザーのサポートで「明日もやっていこう」という分析への意欲を新たにすることもあるでしょう。スーパーバイザーの豊かな知識に多くを学ぶかもしれません。人間的な魅力に啓発されるかもしれません。

こうして書いてきた利点は、現在はスーパーバイザーとして活動している分析臨床家がスーパーバイジー体験を振り返って記したものから抜粋しました。スーパービジョンも人と人の出会いですから、そこからたくさんのことを意識的無意識的に私たちは学ぶのです。

スーパービジョンでの逆転移の対処

ここにスーパービジョンとの関連で、逆転移を取り出して検討してみます。

面接場面での逆転移

スーパービジョンが転移を理解し働きかける訓練であると私は述べました。そこから必然的に浮かぶ対になる概念があります。逆転移です。それではスーパービジョンで逆転移の問題はどう扱われるのだと思われる方があるかもしれません。

逆転移は、スーパービジョンでは基本的には取り扱いません。なぜなのか。理由は簡潔です。スーパービジョンは、そのスーパーバイジーの分析場面ではないからです。それは、当然過ぎることですが、個人分析に委ねられます。

スーパービジョンにおいて、面接記録からの検討は差し置いて「あなたに起こっている逆転移について、ここでじっくり検討しよう」とスーパーバイザーが言うのなら、そのスーパーバイザーは危険です。それはスーパーバイジーを分析しようと、その場の作業の質を変えてしまうことです。第一、スーパービジョンという構造をそのままにして分析ができると思っていることがまちがっています。さらにスーパーバイジーがこれに従ってしまうと、このスーパービジョン場面と同じこと、すなわち面接者が、スーパービジョン場面の反復として、実際の分析場面で自己分析に浸りがちになるという過った態度を身につけることになります。

もしスーパーバイザーが、このスーパーバイジーは個人分析を受けていないから、もしくは個人分析を受ける機会がないようだから、この機会に個人分析も兼ねてやろうと考えるのなら、それはまったくまちがった親切心です。混沌の創造です。そのスーパーバイジーの逆転移に大きな課題があるのなら、個人分析を受けるよう勧めるのがほんとうの親切というものです。しかしたいていの場合、この混同はスーパーバイザーの親切心よりも、スーパーバイザー自身の（サディスティックな心性、自己愛的万能感、慢性化している混乱といった）パーソナルな反応と動機に起因しているものです。

もちろん、スーパーバイザーが面接記録を報告する中で逆転移に言及することはあります。「このとき、私は○○さんにいらいらしていました」と逆転移の感覚を語るかもしれません。それを聴いたスーパーバイザーは「そうですね。この場面でいらいらするというあなた自身を、後でじっくり考えてみてよさそうですね」というかもしれません。あるいは、スーパーバイザーが「私のいらいらは、○○さんの怒りが投げ込まれたものだと感じました」と言うのなら、「それも、あるのかもしれません。だけど、あなたの中に、腹の立つ要因が十分あるようですけどね」とコメントするかもしれません。いずれにしても、それ以上は深入りしないでしょう。

もう一つ、ありうるコメントとして、「あなたがイライラしているのは、○○さんのどんなところに向けてのようですか」、「イライラしているあなたは、○○さんにとっての誰になっているようですか」と、スーパーバイジーのいら立ちをクライエントの病理や転移と結びつけて、クライエントの内面を見る機会として活用するかもしれません。この場合は、クライエントの内的世界の理解に逆転移感覚を使うのであって、この逆転移のパーソナルな質をスーパービジョンの場で掘り下げるのではありません。

スーパーバイザーへの逆転移

スーパーバイザーへのスーパーバイジーの特異な感情反応は当然起こるものです。それがほどほどの理想化やほどよい対象としての位置づけなら、問題にすることではないでしょう。スーパーバイザーの提供するものをとり入れる作業は促進されるでしょう。

しかし理想化が強烈過ぎる場合は、問題が生じます。スーパーバイザーとあまりに一体化してしまって、その〝スーパーバイザーの化身〟になるからです。それはスーパーバイザーの発言を批判的に検討できない事態であり、自分自身を見失っているのですが、それ自体に気づいていない事態です。このことには、スーパーバイザーが権威的だったり自己愛的だったりすることが寄与している場合も少なくありません。結果として、スーパーバイザーの化身になっている胡散臭さが発散されます。その本物性の喪失は、クライエントにもどこかで気づかれましょう。

もう一つあります。それは、スーパーバイザーへの極度な理想化があるとのことは、その対極の軽蔑や脱価値化が同時に存在しているとのことです。それが無意識に誰かに向けて発散されている可能性があります。こうしたリスクが呼び起こされているのです。

他方、スーパーバイザーへの陰性感情がスーパーバイジーに意識的無意識的に生じている場合もあります。この場合は、スーパーバイジーはスーパーバイザーに批判的すぎて、とり入れが困難になっています。

ここにはこのふたりが作る両者の関係自体、もしくは、そのふたりそれぞれに問題がありえます。しかし、スーパービジョン場面でスーパーバイジーの陰性感情にスーパーバイザーが気づいたとしても、積極的に取り上げることは難しいものです。なぜなら、スーパーバイジーの病理や逆転移に踏み込まざるを得なくなってしまうからです。ましてやスーパーバイジーには、それを話題にすることは遙かに難しい課題です。ですからふたりの内どちらかが提案して、すみやかにスーパービジョンを終了することが、両者にとって好ましい対処であると思います。

その他のスーパービジョンの問題点

スーパーバイザーへの依存が過度に高まりすぎることがありえる問題点です。NoK、つまり巣の中で親鳥の餌を待つ雛鳥のように、スーパーバイザーのコメントをじっとただ待っているだけになってしまうのです。与えられたことを丸呑みして、考えなくなることです。これは「学び方の中核」の項で述べた、望ましい学び方の対極の姿勢にスーパーバイジーがなっているのですから、スーパーバイザーが考えることを機能させるよう働きかけるべきときでしょう。

もう一つのスーパービジョンの問題は、スーパービジョンを受けることによって、クライエントがどんどんよくなっていくときに発生します。よくなっていくために、スーパーバイジーはそのアプローチが唯一の精神分析であると頑なに思い込んでしまうのです。結果として、スーパーバイジーの視野と考えが狭く固定してしまい、そのアプローチを盲信するというステレオタイプな臨床家になってしまいやすいのです。しかし実際のところそのアプローチ、すなわちその方法を使うことは、スーパーバイズがあればたいていの人にできることなのです。柳の下にどじょうは何匹もいませんから、ステレオタイプなアプローチは早晩行き詰まってしまいます。何よりそれが、精神分析臨床家になることを妨げてしまいます。

精神分析臨床家とは、無意識と触れ合っておこうという開かれたこころを、必要なときに作ることができる人のことです。そのことが、よい結果ゆえに忘れられる危険がここにあるのです。

一つの例をあげましょう。

ある程度経験を積んだ精神科医から求められて、一カ月、あるいはそれ以上に及んで寝込んでまったく動けなくしまう重度の強迫思考――加えて、強い不潔恐怖と激しい確認行為――を病む若い女性ケースのスーパービジョンを引き受けたことがありました。精神分析的治療はまったく実践したことがなかったその精神科医は週二回の面接セッションをもち、私がスーパービジョンでコメントしたことを忠実に実践し、その結果その女性は四年後には、日常生活のみならず働く社会人としてきわめて普通に機能するほどに、とてもよくなりました。

この素晴らしい回復にその精神科医のみならず私も驚きました。というのは、それまでの大学病院での勤務も含めて、ともに働く他の精神科医たちによる強迫状態の治療を見聞してきましたが、これほどよくなったケースは皆無であったからです。

好結果のもと、その治療はほどなくして終わることになり、同時に私とのスーパービジョンも終わることになりました。その終わりの回、スーパービジョンで面接記録を読む途中に、それまでの四年間にはまったくそんな素振りを見せたこともなかった彼が突然声を詰まらせ涙したのが印象的でした。そしてスーパービジョンの終わりとともに彼は、精神分析のさらなる実践には興味をもたず、精神科医として一般的な仕事を続けたのでした。

私がスーパーバイズした彼の患者は、精神分析的心理療法ですっかりよくなりました。けれども賢明なことに彼は、この体験から意気込んで分析的心理療法の実践家や精神分析家になろうとは思わなかったのです。それから数年後、精神分析学会も退会しました。私には彼の在り方が納得できました。おそらく彼にとって精神分析的アプローチは、一度は学んでおきたいものだったのでしょう。そして、それを学んだ後彼は、自分の流儀で精神科臨床をやっていくことにしたのです。その主要部には精神分析そのものは入らないのです。私はそれでよいと思います。

スーパービジョンの構造

これまで述べてきたいくつかの問題点を解決する方法としてのスーパービジョンの構造をここに整理して、それをまとめとしたいと思います。

スーパービジョンの形態

これはグループ・スーパービジョンという複数のスーパーバイジーがいる形式か、個人スーパービジョンという一対一の形式かということです。望ましくは、両方の形式を経験しているに越したことはありません。グループ・スーパービジョンは、臨床例がまだ少ない臨床家には、同席している他の臨床家の提示するケースの病理、アプローチ法、スーパーバイザーのコメント、スーパーバイジー間の討議を聴くことで、臨床全般への視野を広げることができます。さらに内心で、自分ならこのように理解して、このように介入してみるといったシミュレーションを試みることも実践場面をめざした練習になります。

ただそれでも、個人スーパービジョンは必要です。スーパーバイザーとふたりでひとりの人について、そのひとりの人とのかかわりについてじっくり考えていく機会こそが、分析セッションにおいてその人を考えていくその姿勢の訓練となるのです。グループ・スーパービジョンのような集団のもつ賑わいのなさが、分析セッションの地道なそれと同じく、大切なものなのです。

スーパービジョンの頻度と期間

この点については、疑問の余地はないのですが、頻度は週に一回以上でありたいものです。二週に一回や月に一回では理解や技能の向上はなかなか得難いものです。これは社会での習い事や学生時代のクラブ活動を思い浮かべても明らかでしょう。単発のスーパービジョン――これは、単発の精神分析コンサルテーションと呼ぶ方が適切と私は考えていますが――は応急手当のようなもので、それ以上の効果は期待されるべきではありません。

スーパービジョンの期間については、ひとりのスーパーバイザーから少なくとも二、三年間は受けることが望ましいでしょう。もっと長くてもかまいません。しかし、一般には五年間ほど受けるなら十分かと思います。ひとりのスーパーバイザーとの間がそのぐらいの期間に及んでいるのなら、一度終わることを検討してよいでしょう。

複数のスーパービジョン体験

スーパービジョンで大事なことは、ひとりのスーパーバイザーだけに染まらないことです。できるだけ多くのスーパーバイザーを体験することが大事です。もちろん、同じ時期に、当然ケースは別ですが、複数のスーパーバイザーをもつことは好ましいことです。つまり、スーパービジョンは同時期に二名以上から受けてよいのです。みずからの理解や技法を形作るのに、複数のスーパーバイズを体験したほうがよいのです。そこから自分に適うものを取捨選択してよいのです。

この構造が、個人分析とは決定的にちがっていることがおわかりでしょう。もしあなたのスーパーバイザーが、あなたが同時に他の人からスーパービジョンを受けるのを禁止や拒否するなら、明らかにその考えはまちがっています。そのスーパービジョンは中止したほうがよいでしょう。

ケースの選択

スーパービジョンにどのようなケースを提示するかは悩ましい問題です。面接に困難をきわめているのでそのケースのスーパービジョンを受けたいという、そのケースとの問題がスーパービジョンを求める強い動機になっている場合があります。この場合にしても、スーパーバイザーと一緒に、そのケースがスーパービジョン体験に好ましいかを検討してみる必要があります。というのは、そうしたケースのスーパービジョンは確かにケースその人には何らかの利益──たとえば、面接者の心的態度がより安定したものになるなど──を間接にもたらすでしょう。しかしその病理の質や構造、さらには関係性や面接構造の問題から、スーパーバイジーが理解や技法を創造的に高めていくには不適な場合もあるのです。もちろんこれは、スーパーバイジーの経歴や置かれている状況とも関連します。

一般には、少なくとも二、三例を準備して、スーパーバイザーとそれらのケースを検討した上で選択することが適切であると思います。

また、職場の上級者からこのケースはスーパービジョンを受けるとよいと勧められる場合は、その上級者のそれなりの経験に基づいた判断がありますから、スーパービジョンを受けるに好ましいケースである場合が多いでしょう。しかしそれでも、スーパーバイザーとの適否の検討は必要です。

おわりに

若い頃はスーパービジョンを受けるのが楽しみで、その日が待ち遠しくてしかたがありませんでした。スーパーバイザーが語るコメントに感心したり、示すヒントを考えたり、そこで一気に視野が広がったり、スーパービジョンの後にも考え続けたりということ自体が楽しかったのです。

しかし今思えば、いささかはしゃぎすぎていたのかもしれません。もっと逆転移との照合を私自身の中ですべきであったとも思います。いつでも、後知恵は正しく、かつ重いものです。

第15講

補講5 セミナー・研究会の活用法

はじめに

ここまで精神分析臨床家として進展するための訓練の活用法を、文献の学び方、個人分析、スーパービジョンという順で述べてきました。その最後として、多人数が参加する集団という構造をもち、かつ比較的長めの時間を置いた形で開かれる研修の機会をどのように活用するかにかかわる私見を述べてみましょう。

精神分析に関するセミナー、研究会、勉強会、講演会、学会といった研修のための集いです。

これらの研修会は大きく分けると、二つに分かれるでしょう。すなわち、ケースや分析セッションがプレゼンテーションされる、臨床素材そのものを検討する研修会と、臨床素材は含まれないか主題にならない、何らかの理論についての解説や討議が軸に置かれる研修会です。

前者は、いわゆる事例・症例検討会、公開スーパービジョンです。セミナー、研究会という名称で開催されている研修会にこのタイプが含まれていることが多いようです。後者は分析理論や技法論を学ぶ場であり、それらの理論や技法論の裏付けに臨床ビネットや臨床素材としてケースが語られる場合は、この後者に含まれます。講演会、学会はここにほぼ該当しますが、セミナー、研究会という名称の会も含まれます。

これから両者を別々に検討していきましょう。

臨床素材を検討する研修会での学び方

この形式の研修会は、その会が開かれる頻度によって、利用の仕方を分けられるようです。

開催頻度の高い事例・症例検討会

まず毎週か隔週の間隔で開かれる事例・症例検討会があります。このタイプの研修会は、参加人数にもよりますが、グループ・スーパービジョンに近い色合いの機能のものと言えるでしょう。参加者数が少ないほど、それに近づきます。つまり提示される事例の継続的な検討ができます。こうした継続的な経過を追う検討に学ぶところが多いことは述べるまでもありません。この会では参加者のひとりが提示する一事例が、リーダーを中心に全員で検討されます。

この研修会でもっとも効率よく学ぶには、できるだけ多い頻度で自らのケースを提示することです。そのことで少々顰蹙《ひんしゅく》を買ってもかまいません。あらゆることにおいて、当事者であることと観察者であることでは、その真剣さがちがいます。ケース提示者という当事者になるのです。もちろん、恥ずかしいとか傷つくということが怖れられます。経験が乏しいときには当然抱かれる怖れです。しかしそれは、実際の臨床場面で私たちが当事者として、みじめな思い、取り返しのつかない思いを深刻に味わうのに較べるなら、ずっと気楽なものです。いま少しの勇気を出してみましょう。

事例提示の仕方

このときにどのような形でケースを提示するかということにもこれから触れてみます。

まずそのケースの来所理由（主訴）、家族構成、生活史（生育歴）、来談経緯（問題歴／現病歴）の順に書きます。このうち、生活史と来談経緯は、実際には面接を重ねる中で判明してくる内容が少なくないのですが、アセスメント面接を中心に最初の数回でわかったことを詳しく記載しましょう。それは逆に言うなら、アセスメント面接で十分詳しくこれらを聞いておくことが大事であるとのことです。次にアセスメント（見立て、診断）をきちんと記載します。それからの面接の方向づけを占うアセスメントは、このような研究会での貴重な主題の一つです。その討論のための素材をきちんと提示することが、発表者、参加者のどちらにとっても大きな学びになります。

続いて面接構造や契約を記載し、面接経過を記すことになります。そこでここでは、面接経過の提示の仕方に進みます。

もっとも望ましくない提示の仕方は、クライエントの語ったことのみを少しずつ選んで、たとえば数十回という、ほとんどすべてのセッションについて抜書きする提示法です。

この提示の問題点は次のところにあります。第一に、各面接内容の少量の提示は、小さな断片の羅列にすぎないため、深く入る討論の素材になりえません。できるのは、ケースの病理と力動についての大まかな読みがなせる程度です。また、この形態の提示をしているとのことは、提示者が分析経過を読めていないことを明示しています。第二に、クライエントと面接者のやり取りがまるで（あるいは、わずかしか）記載されていないのでは、分析的な交流が読めません。つまり討議の中核材料を欠いています。ここには、発表者の防衛的過ぎる姿勢がたぶんにうかがえます。第三にクライエントの非言語的な反応――行為や表情、雰囲気、さらに面接者自身の感情の動きや反応が欠けているのでは、面接場面でのふたりのダイナミックな交流の提示が不十分なのです。

ということは、この望ましくない提示法の反対のやり方が、望ましいということです。私が好ましく思う提示の仕方は、最新の一セッションか二セッションを、クライエントの入室時から退出時まで、そして、そこでの言語でのやり取りだけでなく、セッションの中でのふたりのやり取りを非言語部分や面接者の思いや反応を含めて、そのまま書き出すやり方です。

アセスメントの後からこの時点までの面接の途中経過は、（たとえば、Ａ４用紙に半枚か一枚程度に）簡略に書くか口頭で伝えます。なぜこれでよいかと言いますと、重要な課題や関係の性質、すなわち転移は、反復強迫として繰り返されますから、金太郎飴のように、どこを切り取っても出てくるものなのです。そうであれば、その最新版である最近のセッションの詳しい提示があれば十分なのです。くわえて、最新の一、二セッションの提示は、もっとも近い生々しい過去の面接場面の提示です。その臨場感こそ、精神分析的討議に大事なところです。そしてそれらを深く討議することが、その討論が発表者、加えて参加者の次の面接に生きる討論になります（言うまでもありませんが、この提示の仕方はそのまま開催頻度の低い事例・症例検討会にもあてはまります）。

提示での当惑

ところで、初学の頃にこうした事例検討会にケースを出してみると、〝私としてはこんなところが中核と考えるので、これこれを検討してもらいたい〟と事前に思い描いていたことがまったく討論されない、実際に討論される中核点や問題点がまったく予想しなかったことであることが起きたりします。その結果、発表者は研究会終了後、大いに落胆したり憤慨したりします。

しかし歳月を重ねていくと、あらかじめ検討事項にしたいと予定していたところが研究会の中でそのまま討論されるように段々となってきます。そして終いには、私たちが予定していたところこそが、討論されるようになります。つまり、このずれの減少は、私たちが臨床家として成長していることの一つの目安になるものなのです。

おのれの実力を吟味する

この種の研究会に参加しているのなら、ケースの提示者でなくとも、少なくとも一度はコメントや質問を発するようにしましょう。自分の考えを公表することは大事なことです。自分の中だけに収めていると、自己愛的な納得に収まってしまいやすいものです。自家撞着に気づけません。発言によって、自分の見解がどの程度の意義をもち、そこでの討論に何かをもたらしうるかを客観的に観察する機会を得ることも大切です。また、思い切って発言すること自体が有用な練習です。面接セッションの中での解釈も、思いきって言ってみるという決断が必要なときがあります。その練習にもなります。

噺家の実力ということで、次の話があります。

他の落語家の話を聴いて、この人は自分よりうまいと思うなら、その人との間にはかなり実力差があります。すなわち、その比較相手がはっきり優れているということです。次に、この噺家は自分と同じ位の力だなと思うなら、実際には向こうが実力はいくらか上なのです。この噺家は自分より力が少し落ちるなと思うなら、自分とほぼ同等の力量であるとのことです。

これは私たちにも、そのままあてはまるでしょう。私たちはナルシシズムを差し引かねばなりません。研究会での他の人たちの発言を、そのような観点から聴いてみましょう。そして、それを励みにしましょう。

リーダーと集団を知る

ところで、研修会がよく機能しているときには、多くの参加者から自由な発言が活発に表わされます。一方、リーダーだけが発言したり、あるいは、リーダーともうひとりがペアになって発言するに終始する集団状況は、ビオンのいう〝依存〟もしくは〝つがい〟のベーシック・アサンプション・グループであり、無意識に迫害的な妄想─分裂心性にある集団です。これらの場合は、参加者は追従するか内心反抗するになり、学ぶことが難しくなるでしょう。ですから私たちなりに、集団の性質を見定めることも大切です。

この研修会の機能に関するもう一つのことに、その集団を率いるリーダーの実力水準が参加者の実力の向上に強く影響するとのことがあります。端的に言えば、リーダーが精神分析臨床の十分な実力を備えているのなら、参加者も力を伸ばせるでしょう。しかしリーダーが力量不足なときは、残念ながら参加者もレベルアップを望めません。

開催頻度の低い事例・症例検討会

一カ月一回以下の事例・症例検討会についてです。二カ月や半年に一回、あるいはまったくの単発のものも含みます。

このような研修会では、事例が継続して検討されることはなく、発表は単発になります。その点で学びが限定されます。ですから、面接を始めて間もないケースでどのように方向づけるかに迷っているケースとか、ある期間面接を続けてきているが、このところ方向や関係の性質の理解に迷っていたり、行き詰まっているようだが、その状況があまり見えないといったケースを提示するのには向いています。すなわち、発表者が問題意識を明確に抱いていることが大切です。その問題の事態に、ワン・スポットでの異なる視点からの意見を聴く機会にすることです。こまかなところではなく、大きなヒントを手に入れる機会として活用するということです。

こうした研究会では、コメントをする人物が普段は会わない人であったりしますから、興味のある人物らケースを提示してその力量や感触を直に味わうのも面白いでしょう。それが、私たちが臨床家としての自分自身を方向づけるのに役に立つこともあるでしょう。また、好ましいスーパーバイザーを見つける機会にもなるかもしれません。

参加者があまりに多いときにはあえておこなう必要はありませんが、参加者がそれほど多くないときには、やはり一度は発言してみましょう。というのは参加者にとって、こうした形態のケース検討は、私たちが知らなかった病理や未知な面接過程を知る機会にはなりますが、私たちの明日の面接に直に役立つものを多く得ることはできません。スーパービジョンの代用にはならないということです。ですからこそ、意見や質問を表わしてみることで私たちの日々の臨床実践と近づけ照らしてみることが、この機会を有用なものにしてくれるのです。

とりわけ単発のセミナー、年に一回のケース検討会や公開スーパービジョンは、いささか祭り的な位置づけのものですから、こころへの刺激や何か一つでも得るものがあればよいでしょう。

臨床素材を含まない研修会での学び方

系統的な講義のあるセミナー・研究会

系統的な講義には、大まかには二種類があります。

一つは、ある精神分析学派における理論や技法が系統的に組まれている講義です。この講義の長所は、一貫した精神分析思想に基づいた諸理論や諸概念を関連づけて効率よく学ぶことができることです。結果として、一つ筋の通った考え方を身につけることができます。

もちろん、長所は短所にもなります。すなわち、この種の系統講義では、その学派以外の考え方には触れることができません。それどころか、好ましくないものとして批判的に提示されることも少なくないので、偏った見方が醸成されやすくなります。ですから、こうした講義はすでに自分の関心の的が絞れている人が参加すると、より深い学びを得ることができます。しかし精神分析世界の地図もまるで知らない人が出るなら、無知の溝を深くするかもしれません。

もう一つは、テーマは一貫していますが、さまざまな学派の立場からの系統講義です。この形態の講義の長所は、さまざまな学派の考えや技法論に触れる機会が得られることです。そこから自分に適うものを見出す機会が得られます。また、精神分析にかかわる常識／共通感覚を知る機会になります。欠点は、講師の拠って立つ立場、理論を頭でしっかりと整理していないと、混乱するか、諸概念をちぐはぐに集めた、パッチワーク的な理論や技法をもつことになりかねないことです。深めることや一貫した考えの育成が難しいのです。

しかし、どちらにしてもこうした講義は、私たちの学びにとっては、深めていくためのきっかけか補足であるとのことが認識されていることが必要です。

というのは、講義を聴いているそのときはよく理解できたように思えていても、そうたやすく頭の中が整理され、明日の臨床に活用できると一挙に進むはずもありません。こうした講義をきっかけに、自分で書物や論文をじっくり読んで、さらに自分のケースと照らし合わせながら、深めることがなすべきことなのです。あるいはスーパービジョンでのケース理解と並行して、真の理解を進めるべきなのです。

系統的な論文検討会

あるテーマに添った論文や著書、あるいはある分析家の一連の著作を討論するこの種の検討会は、理論や技法論についての考えを深める機会として有用です。ひとりでは深めたり、視点を変換したり増やしたりすることはなかなか難しいものですが、こうした機会に精神分析の同僚たちとともに考え討議していくことで理解を深めることができます。

その理解の深まりは、もちろん、事前にどれだけ当該論文、著作を読み込んでいるかにかかっています。それをしていないなら、せっかくの機会を棒に振ることになります。最低限一度は、当該論文に目を通しておかねばなりません。できるなら、もう一回読んでおくと、その著作への馴染み方が格段にちがいます。つまり検討会当日、どこを深めたり解明したいかがつかめます。事前に二回読むことをこころがけましょう。ここでもやはり、リーダーの水準が集団全体の理解水準を規定します。「群盲象をなでる」、「烏合の衆」にならぬようにしたいものです。

講演会

講演会は刺激であり、きっかけです。すなわち講演を聴きながら、それを自分の考えと照らしてこころの中で対話していくことが、私たちのこころを刺激してさまざまな考えや感情、あるいは特定ケースとの体験を思い浮かび上がらせてくれます。そうした感情や思考をその後に自らの中で深めていくなら、私たちはその講演を役立たせることができたことになります。また、その講演をきっかけにして、その講師や講師が語ったテーマを書物らで深めるという学びの作業を始めることになるかもしれません。

講演を聞くだけで、臨床に活用できる有用な知識や大事な概念を得ることは困難です。それより講師の人となりに触れることができますから、この機会から著書や論文をその著者の姿をはっきりイメージして読むことができます。それは私たちが臨床家として、その講師の著作から何を学ぼうとするかを明確にしてくれるでしょう。

沢木耕太郎体験

私はノンフィクションライターの沢木耕太郎の文章が好きです。ただ事実を羅列していくような、平坦に描くノンフィクションライターとは、彼は一線を画しています。彼の文章は、対象人物像をいきいきと描いているだけでなく、著者（つまり、沢木）が体験している対象人物を、距離をうまく調整しながら沢木自身の感覚や感想を織り交ぜて巧みに描き出しています。著者を含めた場面や交流の描写に臨場感があり、今そのときの書き手の主観を含む客観が実写されているのです。文中に主役の対象人物がいますが、その人物を照らし出す沢木もいて、微妙な機会をとらえてかかわるのです。私は沢木の描写法を、私たちの面接場面の実態をヴィヴィトに描く有用な方法として高く評価しています。

何年か前、ある集会で沢木耕太郎が講演することを知り、私は聴きにいきました。そのとき主催者の好意で講演の前に、少しの時間彼とふたりだけで話す機会を得ました。その結果、実は私は少し戸惑ったのです。彼のそれまでの作品から質実な生き方の人を私は思っていたのですが、私の体験した彼は、東京に住む文化人でもありました。つまり、時代の動きにそれとして目配りする人です。確かに彼の書いたものにそうした傾向が表われていたものがあったのですが、私はその比重を軽く置いていました。そこに修正が必要でした。ただもちろん今でも、私は彼の書くものをとても楽しんでいます。

学会大会・規模の大きい研究会

学会大会やそれに準ずる研究会は、本質的に祭りです。日常のケをしばし忘れる、ハレの日なのです。つまりそこは、発表の場であり、公開された交流の場です。じっくりと学ぶ場ではありません。未知の発想や未知の人に出会い刺激を受け、私たちの頭の中の攪乱《かくらん》を楽しむときであると言えるかもしれません。ですから、この場で深い何かを知ろうと求めるべきではありません。そのような場として活用しましょう。

おわりに

さまざまな研修会の活用法を検討してきました。しかしながら詰まるところ、私たちが学ぶのは、私たちのクライエントからであり、実践の場からです。それをおろそかにして研修会や書物に学ぼうとしても、それをすればするほど実態から離れた空理を増やすことにしかなりません。

今クライエントと出会っている実践の場から学ぶこと、そのクライエント／患者から学ぶこと、それが、私たちが精神分析臨床家であることの原点なのです。それは遅々とした地道な作業ですし、到達点が見えない不安で心許ない歩みなのかもしれません。それでも、臨床実践と自己分析なくては、私たちはありえないと私は考えています。

参考文献

Bion, R.W.（1962）A theory of thinking. International Journal of Psycho-Analysis, 43 ; 306-310.（白峰克彦訳「思索についての理論」松木邦裕監訳（一九九三）『メラニー・クライン トゥデイ②』岩崎学術出版社）（中川慎一郎訳「考えることに関する理論」松木邦裕監訳　中川慎一郎訳（二〇〇七）『再考——精神病の精神分析論』金剛出版）

Bion, R.W.（1965）Transformations. Heinemann.（福本修・平井正三訳（二〇〇二）『精神分析の方法Ⅱ』法政大学出版局）

Bion, R.W.（1967）Second Thoughts. Heinemann.（松木邦裕監訳　中川慎一郎訳（二〇〇七）『再考——精神病の精神分析論』金剛出版）

Bion, R.W.（1970/1984）Attention and Interpretation. Karnac Books.（福本修・平井正三訳（二〇〇二）『精神分析の方法Ⅱ』法政大学出版局）

Bion, R.W.（1974）Brazilian Lectures 1, Rio de Janeiro. Imago Editora.

Bion, R.W.（1978）Four Discussions with W. R. Bion. Clunie Press.（祖父江典人訳（一九九八）『ビオンとの対話——そして、最後の四つの論文』金剛出版）

Bion, R.W.（1987）Clinical Seminars and Four Papers. Fleetwood Press.（松木邦裕・祖父江典人訳（二〇〇〇）『ビオ

ンの臨床セミナー』金剛出版）

Bion, R.W.（1994）Clinical Seminars and Other Works. Karnac Books.（祖父江典人訳（一九九八）『ビオンとの対話——そして、最後の四つの論文』金剛出版）

Britton, R.（1998）Belief and Imagination : Explorations in psychoanalysis. Routledge.（古賀靖彦訳（二〇〇二）『信念と想像』金剛出版）

Casement, P.（1985）On Learning from the Patient. Routledge.（松木邦裕訳（一九九一）『患者から学ぶ——ウィニコットとビオンの臨床応用』岩崎学術出版社）

Casement, P.（2002）Learning from Our Mistakes. Brunner-Routledge.（松木邦裕監訳（二〇〇四）『あやまちから学ぶ——精神分析と心理療法での教養を超えて』岩崎学術出版社）

Casement, P.（2006）Learning from Life. Routledge.（松木邦裕監訳　山田信訳（二〇〇九）『人生から学ぶ——ひとりの精神分析家になること』岩崎学術出版社）

Casement, P.（2008）私信

Coltart, N.（1993）How to Survive as a Psychotherapist. Sheldon Press.（舘直彦監訳　藤本浩之・関真粧美訳（二〇〇七）『精神療法家として生き残ること——精神分析的精神療法の実践』岩崎学術出版社）

Freud, S.（1893-95）（懸田克躬訳（一九七四）「ヒステリー研究」『フロイト著作集7』人文書院）

Freud, S.（1905）（細木照敏・飯田眞訳（一九六九）「あるヒステリー患者の分析の断片」『フロイト著作集5』人文書院）

Freud, S.（1909）（小此木啓吾訳（一九八三）「強迫神経症の一例に関する考察」『フロイト著作集9』人文書院）

Freud, S.（1911）Formulations on the two principles of mental functioning. SE12. Hogarth Press.（加藤正明訳（一九六九）「精神現象の二原則に関する定式」『フロイド選集10』日本教文社）（井村恒郎訳（一九七〇）「精神現象の二原則に関する定式」『フロイト著作集6』人文書院）

Freud, S.（1911）Psycho-analytic notes on an autobiographical account of a case of paranoia（dementia paranoides）

SE12. Hogarth Press.（小此木啓吾訳（一九八三）「自伝的に記述されたパラノイア（妄想性痴呆）の一症例」『フロイト著作集9』人文書院）
Freud, S.（1916–17）（懸田克躬・高橋義孝訳（一九七一）「精神分析入門正・続」『フロイト著作集1』人文書院）
Freud, S.（1919）（小此木啓吾訳（一九八三）「精神分析療法の道」『フロイト著作集9』人文書院）
藤山直樹（二〇〇八）『集中講義・精神分析上巻――精神分析とは何か／フロイトの仕事』岩崎学術出版社
細澤仁（二〇〇八）『解離性障害の治療技法』みすず書房
小林秀雄（一九八二）『本居宣長補記』新潮社
前田重治（一九八五）『図説 臨床精神分析学』誠信書房
前田重治（一九九四）『続 図説 臨床精神分析学』誠信書房
丸田俊彦（二〇〇二）「短期精神療法」（小此木啓吾編集代表）『精神分析事典』岩崎学術出版社
松木邦裕（一九九八）『分析空間での出会い――逆転移から転移へ』人文書院
松木邦裕（二〇〇二）『分析臨床での発見――転移・解釈・罪悪感』岩崎学術出版社
松木邦裕編（二〇〇三）『対象関係論の基礎――クライニアン・クラシックス』新曜社
松木邦裕（二〇〇五）『私説 対象関係論的心理療法入門――精神分析的アプローチのすすめ』金剛出版
松木邦裕（二〇〇六）「フロイト「精神現象の二原則」論文を読む、再々読む、そして考える」精神分析研究四九巻一号
松木邦裕（二〇〇九）『精神分析体験：ビオンの宇宙――対象関係論を学ぶ　立志篇』岩崎学術出版社
Meltzer, D.（1978）The Kleinian Development. Clunie Press.
Meltzer, D.（1986）Studies in Extended Metapsychology : Clinical Applications of Bion's Ideas. Clunie Press.
岡野憲一郎（二〇〇六）『脳科学と心の臨床――心理療法家・カウンセラーのために』岩崎学術出版社
小此木啓吾編集代表（二〇〇二）『精神分析事典』岩崎学術出版社

小此木啓吾（二〇〇二）『現代の精神分析――フロイトからフロイト以後へ』講談社学術文庫

Renic, O.（2006）Practical Psychoanalysis for Therapists and Patients. Other Press.（妙木浩之監訳　小此木加江訳（二〇〇七）『セラピストと患者のための実践的精神分析入門』金剛出版）

Sandler, J. et al.（1992）The Patient and the Analyst. Karnac Books.（藤山直樹・北山修監訳（二〇〇八）『患者と分析者（第2版）――精神分析の基礎知識』誠信書房）

Schatzman, M.（1973）Soul Murder : persecution in the family. Penguin Books.（岸田秀訳（一九七五）『魂の殺害者――教育における愛という名の迫害』草思社）

Segal, H.（1967）Melanie Klein's technique. In（1981）The Work of Hanna Segal. Aronson.（松木邦裕訳（一九八八）『クライン派の臨床――ハンナ・スィーガル論文集』岩崎学術出版社）

Spillius, E. Ed.（1988）Melanie Klein Today vol. 1 & 2. Routledge.（松木邦裕監訳（一九九三／二〇〇〇）『メラニー・クライン トゥデイ①・②・③』岩崎学術出版社）

Strachey, J.（1934）The nature of the therapeutic actions of psycho-analysis. International Journal of Psycho-Analysis. 15, 127-159.（山本優美訳「精神分析の治療作用の本質」松木邦裕編（二〇〇三）『対象関係論の基礎――クライニアン・クラシックス』新曜社）

十川幸司（二〇〇三）『精神分析』岩波書店

山田忠雄主幹（一九八九）『新明解国語辞典 第四版』三省堂

Wartis, J.（1954）Fragments of an Analysis with Freud. Simon and Schuster.（前田重治監訳（一九八九）『フロイト体験――ある精神科医の分析の記録』岩崎学術出版社）

Winnicott, D. W.（1968）The use of an object and relating through identifications. In Playing and Reality. Routledge.（橋本雅雄訳（一九七九）『遊ぶことと現実』岩崎学術出版社）

終わりの挨拶

本書は、私が初めて著した精神分析臨床エッセイです。

精神分析の本質は転移体験にあると私は考えます。ですから精神分析では、物語性と視覚が優れてその構成要素なのです。このため精神分析の体験や考えを文章で現実化するには、それらの構成要素を内包する書き方が求められます。ゆえにフロイトは、『ヒステリー研究』、ドラ・ケース、ラットマン・ケース等において、分析場面、その展開やそれを検討する彼自身が目の前に浮かんでくるように書いたのでした。すなわちエッセイという書き方は、精神分析体験を表わすのによく適《あ》っていると思います。そして私も三〇年以上の精神分析臨床を重ねて、ようやくエッセイらしいものが書けるようになっているのかもしれません。

本書に魅力があるとするなら、それは精神分析の伝統がもたらしているものでしょう。本書に臨床に役立つヒントがあるとするなら、それは精神分析の本質がもたらしているものでしょう。私はそれを唯わたくし流になぞったにすぎません。あらゆる精神分析での出会いが、二つとないそのふたりにしかない出会いであるのと同様に、本書に出会われた方にとって本書が何かを感じさせるものであるのなら、そのことをうれしく思います。

本書の10講までは、専門誌『精神療法』に連載されました。残りの5講も、もともとその連載ために書き溜めていたものでした。ただこれらは実際には、私の在籍する大学の紀要の一つに「精神分析の学び方論五篇」として掲載されました。

ここで一つ、述べておきたいことがあります。

それは、これらの小論は連載を求められたので書いたというものではないことです。私に書きたいことの構想が形を成したときと連載を求められたときが重なったのです。啐啄が一致したのです。

金剛出版の中村奈々さんは人生の重要な時期にもかかわらず、本書に熱意を持って取り組んでくださいました。また、立石正信社長は私の初期の本『摂食障害の治療技法』から今日まで支援してくださっています。お二人に感謝いたします。

生きていることは、夢のまた夢なのかもしれません。けれどもそれは、夢のように現実的な体験でもあるようです。明日は夢を見ているのでしょうか。それとも夢を生きているのでしょうか。

ゆめ色の雨を見ながら

著者略歴
松木 邦裕（まつき くにひろ）

1950 年　佐賀市に生まれる
1975 年　熊本大学医学部卒業

精神分析個人開業後，現在は京都大学大学院教育学研究科に在籍。
日本精神分析学会会長，日本精神分析協会会員，日本心理臨床学会評議員
著書に『分析空間での出会い』（人文書院），『分析臨床での発見』（岩崎学術出版社），『分析実践での進展』（創元社），『対象関係論を学ぶ』（岩崎学術出版社），『精神分析体験：ビオンの宇宙』（岩崎学術出版社），『私説 対象関係論的心理療法入門』（金剛出版）　他
編著に『精神分析臨床シリーズ』（摂食障害，抑うつ，精神病，パーソナリティ障害）（金剛出版）　他
訳書・監訳書に『クライン派の臨床』（スィーガル著　岩崎学術出版社），『患者から学ぶ』（ケースメント著　岩崎学術出版社），『ビオンの臨床セミナー』（ビオン著　共訳　金剛出版），『メラニー・クライン トゥデイ①，②，③』（スピリウス編　岩崎学術出版社），『信念と想像：精神分析のこころの探求』（ブリトン著　金剛出版），『再考：精神病の精神分析論』（ビオン著　金剛出版），『あやまちから学ぶ』，『人生から学ぶ』（ケースメント著　岩崎学術出版社）　他

精神分析臨床家の流儀

二〇一〇年八月一〇日　印刷
二〇一〇年八月二〇日　発行

著　者　松木 邦裕
発行者　立石 正信
印刷・製本　新津印刷
発行所　株式会社 金剛出版
〒112-0005 東京都文京区水道一－五－一六
電　話　〇三－三八一五－六六六一
振　替　〇〇一二〇－六－三四八四八
ISBN978-4-7724-1150-9　C3011